JN198731

"集団心理"から読み解く
残念な職場から
一流のチームまで

だけど
チームが
ワークしない
※機能

縄田健悟
Kengo Nawata

日経BP

CONTENTS

はじめに

1章 組織は「集団」だから うまくいかない

"集団心理"の2つの面から理解する ……… 18

本書の地図 ……… 22

本書の視点
人の性格よりも状況に注目。
状況を変えれば、行動が変わる ……… 27

性格が原因だと思いやすい私たち ……… 27

個人の性格や能力ばかりに注目しても
組織は変わらない ……… 30

集団の「状況」から手を入れていこう ……… 32

誰か1人を「犯人」にしても、
組織の問題は解決しない ……… 35

集団という入れ物ごとよくすることが必要 ……… 38

本書が示す良い集団とは ……… 40

第1部 負の"集団心理"

2章 賢い人々でも集団になると 愚かな決断をする

集団浅慮

「賢い人」でも集まると「愚かな集団」となる ……… 46

賢い人が集まって決めたのに
未曾有の事故すら起こる ……… 47

集団浅慮は、いつでもどこでも生じるもの ……… 50

集団浅慮の3つの「兆候」……… 52

「和を乱すなよ」と集団を守る人が現れる ……… 54

まとまりの良い集団が悪いのか？ ……… 57

集団浅慮はなぜ起こるのか？
──「異論を許さない」ことが失敗のはじまり ……… 58

集団浅慮に対処するために ……… 64

（1） 異論を言う役割の人をつくる ……… 64

（2） 異論を迎え入れる空気をつくる ……… 66

組織を育てたいなら、「異論を認める空気」を
長いスパンでつくろう ……… 67

3章 話し合いがうまくいかないワケ
集団の問題解決と創造性

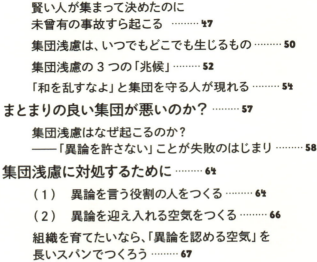

集団で話し合えば
良い結論に達するわけではない ……… 70

個人よりも集団は賢いの？ ……… 71

重要なのは、
メンバーの中にいる「正解者」を生かすこと ……… 73

正解が分からないメンバーが多数派だった場合、
その人たちが正しい意見を無視することがある ……… 74

まったく解けなかった問題も、
集団なら解けることもある ……… 75

話し合いでより良いアイデアは出てくるか
ブレイン・ストーミング ……… **76**

集団で話し合う中でブレストの効果は低下する ……… **78**

集団でブレストすると、自分の中からアイデアが
湧き出たと勘違いしがち ……… **79**

なぜ集団がブレストの効果を下げるのか？ ……… **81**

有効なブレストの行い方 ……… **84**

4 章 集団の空気に縛られる私たち

集団規範と同調

私たちは、自分の属する集団の空気に
しばられている ……… **94**

暗黙のルールとしての集団規範 ……… **95**

「みんながそう思ってる」から私たちは従う ……… **97**

多数派の「みんな」に私たちは従ってしまう
同調実験より **99**

どんなときに同調は強くなるのか ……… **101**

人はなぜ規範に同調するのか？ ……… **103**

規範は内面化する ……… **105**

集団の「悪い」規範も
知らず知らず取り込んでいく ……… **106**

意見が極端に転がるとき──集団極性化 ……… **108**

日本人は本当に同調しやすいのか？ ……… **113**

「みんな」で「みんな」を勘違い
──多元的無知 ……… **115**

みんな本心は反対なのに、
みんなで賛成の拍手をする ……… 117
あなただけが「違う意見」とは限らない ……… 118
多元的無知を克服するには ……… 119

5章 集団ではまじめなあの人も ついサボる

社会的手抜き

集団だからサボっちゃう ……… 122

メンバー全員を足した力より低い力しか
発揮できない「社会的手抜き」……… 123

さまざまな場面で見られる社会的手抜き ……… 125

集団で100％の力を発揮することが難しい理由 ……… 126

ダブルチェックも効果的とは限らない ……… 128

集団でこそモチベーションが高まるときもある
——「自分がやらねば誰がやる?」……… 131

では、社会的手抜きを防ぐには どうすればいいか? ……… 134

手抜きを抑制するには(1)
集団と課題へのコミットを強める ……… 134

手抜きを抑制するには(2)
一人ひとりの成果を「見える化」し、
フィードバックを与える ……… 137

ただし、監視と罰の扱いには注意が必要 ……… 139

第 2 部　優れたチームを目指して

6 章　「烏合の衆」をチームに変える
チームワーク

「烏合の衆」を機能ワークさせるために ……… 146
- チームに必要な 4 つの要素 ……… 147
- チームワークってどんな行動？ ……… 150
- チームワークの 4 階建ての構造 ……… 153
- チームが成果をあげるには、まずはコミュニケーション ……… 156
- 「阿吽の呼吸」で動けるチームは強い ……… 158
- 「今ここ」で阿吽の呼吸で動くためには、普段のコミュニケーションが重要 ……… 160
- 日常時の「阿吽の呼吸」モードと変動時の「熟議」モードを行き来する ……… 162

7 章　身につけるべきリーダーのふるまいとは
リーダーシップ

チームの働きはリーダーがカギを握る ……… 166
- 「どんな人か」よりも「どう行動するか」が重要 ……… 167

リーダーシップ行動の王道
——「課題」と「対人」の両輪 ……… 169

「課題」と「対人」の相乗効果 ……… 175

変化する状況に適応するには、
変革型リーダーシップ ……… 176

組織全体を鼓舞して変革を導くカリスマが、
変革型リーダーシップ ……… 178

日常的には「課題＋対人」、長期的には「変革型」を ……… 179

リーダーは「奉仕者」かつ
「安全基地」を目指しましょう ……… 182

真のリーダーは奉仕者である ……… 183

挑戦するメンバーが失敗しても大丈夫なように支える
「セキュアベース・リーダー」 ……… 186

部下が冒険できるようになるには、
リーダーの思いやリと挑戦の両輪が必要 ……… 187

チーム全体が安全基地になることが理想 ……… 188

8 章 メンバーの衝突にどう向き合うか

対立

チームで対立が起こると、その後はどうなるのか？ ……… 192

①「人間関係で起こる対立」と
②「仕事に関する意見の対立」から理解する ……… 193

①「関係対立」はマイナスの結果を引き起こす ……… 195

②意見の対立はプラスにもマイナスにもなる ……… 196
課題対立がプラスにならない理由は
関係対立の悪影響に引きずられるから ……… 197
課題対立を生かすマネジメント ……… 200
議論や指摘ができる職場になるには
「信頼」が必要 ……… 202
「ウィン・ウィン」を目指して対立に取り組むのがカギ ……… 205
当事者の「心の根底にあるニーズ」を把握すること ……… 208
対立は「ゼロサム」ではない──ゼロサムバイアス ……… 210
対立嫌いの日本社会だからこそ
前向きに向き合うことが必要 ……… 212

第3部 チームが直面する現代ならではの課題

9章 「ものを言える空気」がチームの基盤
心理的安全性

心理的安全性は「単なるはやり言葉」ではない ……… 216
心理的安全性とは ……… 216
Google「プロジェクト・アリストテレス」……… 218
心理的安全性の学術研究 ……… 219
心理的安全性がチーム学習を高める ……… 221
心理的安全性が高いチームは「ミスが多い」?? ……… 223
心理的安全性は「ぬるま湯」ではない ……… 225

心理的安全性の高い職場では、
意見を戦わせるほど成果があがる ……… **227**

日本でこそ心理的安全性が高い職場に
価値がある ……… **229**

心理的安全性をどう高めるか？ ……… **231**

(10)章 ダイバーシティ時代の チームづくり

多様性

**多様性といわれる前から、
そもそも社会には多様な人々が暮らしている** ……… **236**

そもそも多様性とは何が多様なのか？ ……… **238**

チームの多様性には、光と影の両方がある ……… **241**

結局、多様性はチームにとってプラスなの？
マイナスなの？ ……… **243**

多様性には、メリットもデメリットもあることを
知って使いこなそう ……… **245**

では、多様性とどう向き合うか ……… **246**

（1） 包摂性（インクルージョン）の促進 ……… **247**

（2） 多様性が良いものだという信念を持つ ……… **250**

世界では、多様性がポジティブに捉えられるように
変化している ……… **253**

「面倒な多様性」としっかりと向き合って
受け入れていくことが必要 ……… **255**

11 章 テレワークは効率が悪い……のか？

テレワークとバーチャルチーム

テレワークのチームはうまくいくのか？ ……… 258

　日本のテレワークの実際 ……… 259

　テレワークでは
　コミュニケーションがうまくいかない……のか？ ……… 260

　実証研究からは
　「リモート＝チームワーク悪化」ではない ……… 262

　テレワークには良い面と悪い面があり、
　それらが相殺しあっている ……… 267

　バーチャルチームでは、
　信頼を高めることが特に重要 ……… 271

　バーチャルだけに固執せず、対面での交流でも
　信頼関係をつくることが有用 ……… 273

　バーチャルチームは特別なものではなく、
　チームの1つのあり方 ……… 274

　そして、ハイブリッドなチームワークを ……… 276

おわりに ……… 278
引用文献 ……… 280

はじめに

はじめに

1章

組織は「集団」だからうまくいかない

組織は人の集まり、つまり「集団」です。

　この本では、みなさんが集団で働くときに感じる「なぜ職場でこんなことが起きるのか?」「どうしたらもっとうまく組織が動くのか?」という疑問に対して、「集団」の心理の視点から紐解いていきます。

　私たちは日々、会社や組織、あるいは学校や友達グループなど集団の中で過ごしています。

　集団から、私たちは多くの恩恵を受けています。

その1つが、1人ではできない仕事が できることです。

　集団で力を合わせて協力することで、私たちはより大きな成果を生み出せます。また、困ったときには集団の仲間から助けてもらえます。

　しかし、良いことばかりではありません。集団には短所もあります。職場では「みんな」で一緒に働くからこそ、うまくいかないことであふれています。

　たとえば、次のような経験はないでしょうか?

などなど。

どれもこれも、「みんなで一緒に働く」からこそ生じる問題です。もしも1人で働くならばそもそも起きないことだと言えます。

なぜ集団で働くと、
こうした問題が生まれるのでしょうか？

そして、それを解決するカギは
どこにあるのでしょうか？

　こうした問題の背景には、群れをなして暮らすという私たち人間が持つ"集団心理"の特性が深く関わっています。この"集団心理"を適切に理解しなければ、問題の本質的な解決は望めません。

　私は「集団」に潜む問題とその解決策を、社会心理学や産業・組織心理学の観点から研究しています。一つひとつの組織はさまざまで違っていても、その根源には共通した人間の"集団心理"と、そこから生じる「集団」の課題があります。

この本では、その一端を整理しながら解説していきます。

心理学の研究から言えることは、きっと働くみなさんのお役に立てると思いますし、そもそもとてもおもしろいものです。

読み進めていくうちに、「なんとなく思ってたアレはこういう理由で起きていたのか！」とか、「素朴に〇〇だと思ってたけど、実際は違ったんだなあ……」など、新たな気づきがたくさんあるはずです。

みなさんの属する「集団」がどのように機能しているのか、一緒に読み解いていきましょう。

"集団心理"の2つの面から理解する

人間は遠い昔から現代まで
ずっと"群れ"で暮らしてきた

普遍性
古来より変わらない
群れの生活でつちかわれた
共通の"集団心理"

現代の組織の集団

現代性
現代の組織だからこそ
顕在化した現代的な
"集団心理"

組織は「集団」だからうまくいかない

"集団心理"の普遍的な面

"集団心理"の特徴を考える際には、時代が下っても変わらない普遍的な面と、時代とともに変わってきた現代的な面という2つの軸を考えないといけません。

　私たちは古来より、狩猟採集社会で獲物や果実を分けあいながら暮らし、ムラ社会で農業を行いながら共同生活をしてきました。高度に文明が発達した現代、高層ビルでPCを使って働くようになっても、集団を形成して暮らすことは変わっていません。

　時代とともにライフスタイルは大きく変わりました。しかし「集団で他者と協力しながら生きていく」という根本は同じです。時代や状況を越えて共通した、**いわば「人間だからそうなるものだ」**ともいえる根源的な"集団心理"**が存在します。**

一方で、文明化された現代社会ならではの"集団心理"の特徴もあります。
　グローバル化の影響で**さまざまな文化的背景を持つ人々**が同じ職場で集団を運営したり、テクノロジーの発達により、**リモートワークが増えて、直接合わずにオンライン上でチームを運営**することが必要になりました。これらは、現代社会の発展とともに立ち現れてきた現代的な"集団心理"だと考えられます。

　"集団心理"の研究では、こうした昔から変わらない普遍的な面と、現代社会固有の面とを踏まえ、人間と集団の性質を理解することを行っています。

"集団心理"の **現代的な面**

組織は「集団」だからうまくいかない

本書の地図

この本は組織にかかわる"集団心理"の理解を深めていくことを目的に、大きく3部構成となっています。
はじめるにあたり、本書の地図を用意しました。

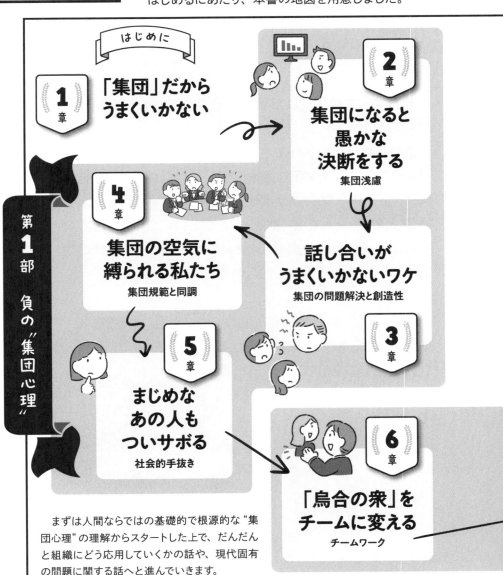

まずは人間ならではの基礎的で根源的な"集団心理"の理解からスタートした上で、だんだんと組織にどう応用していくかの話や、現代固有の問題に関する話へと進んでいきます。

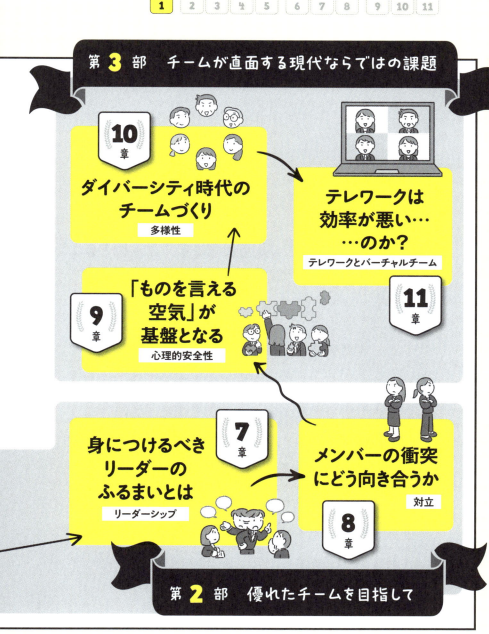

第 1 部は
「負の "集団心理"」編です。

　いかにして集団の問題が生じるかに焦点を当てます。ここでは、社会心理学の研究から明らかにされた、"集団心理" の特に負の側面を中心に解説していきます。

　残念ながら、人間が集団になると、１人のときには見られないような行動がなされることがあります。

　たとえば、まわりのみんなが自分と違う意見を述べているときには、本音を隠して「自分もそう思ってた」と調子を合わせることがあるでしょう。もしくは、集団のまわりの人に任せきりになり、まじめに働かない人がいたり……。これらが組織の中でどのように悪影響を及ぼす可能性があるか、またそれをいかに克服していくかを考えていきます。
　集団浅慮、集団の問題解決と創造性、集団規範と同調、社会的手抜きというテーマを取り上げていきます。

1	第1部				第2部			第3部		
	2	3	4	5	6	7	8	9	10	11

第2部は
「優れたチームを目指して」です。

　ここでは、チームワークに関するものを取り上げます。

　職場の集団は、単なる烏合の衆ではなく、共有した目標に向けて協力して働く**「チーム」として機能させることが必要です。**

　このパートのキーワードは、**チームワーク、リーダーシップ、対立**です。チームにとって大切なのは目標管理や同僚との人間関係、リーダーのカリスマ性などとさまざまに言われます。

　しかし、実際のところ、どれがどのくらい重要なのでしょうか？　またその根底にある中核原理は何なのでしょうか？　産業・組織心理学分野のチームワーク研究の理論と実践、および実証研究を中心に紹介していきます。

第３部は
「チームが直面する現代ならではの課題」です。

　現代の企業が直面するチームの課題に焦点をあてます。最近の社会動向を踏まえて、特にここ30年で注目されるようになった**心理的安全性、多様性、テレワークといった現代的トピック**を扱います。たとえば、効率が悪いといわれがちなテレワークですが、チームワークの面から考えると「そうではない」という研究の結果が多くあります。これら、現代の新たな課題に対処するための効果的な対応策を検討していきます。

この本では各章が
独立した内容を扱っており、
興味のあるところから読むことも可能です。

　ただし、人間の"集団心理"の基礎的な特徴から、企業組織のチーム、さらには現代的トピックへと進んでいくように全体の流れを構成しています。そのため、最初から通して読めばより理解を深めることができるでしょう。

1	第 1 部	第 2 部	第 3 部
	2 3 4 5	6 7 8	9 10 11

本書の視点

人の性格よりも状況に注目。状況を変えれば、行動が変わる

本書の全体を通して重要になる視点をお話しします。

・人間の性格は変えにくいが、状況は変えられる
・状況を変えれば、行動を変えていける

というものです。これは本書が依拠する社会心理学という学問分野の視点でもあります。

性格が原因だと思いやすい私たち

日常生活でも職場でも、私たちは個人の「性格」の影響を過大評価しています。特に他人の行動に対して、「あの人は繊細だから」とか「不まじめな人だから」など**すぐに性格のせいにしてしまう**のです。

組織は「集団」だからうまくいかない　　**27**

これは「**基本的帰属のエラー**」と呼ばれる認知バイアスの1つです。人間は「行動の原因が状況にある」と認識するのが苦手で、なにか他人の行動を見ると、すぐに個人の性格や能力がその原因だと捉えがちです。

　たとえば、信号無視をした車の運転手を見かけたという場面を思い浮かべてください。あなたが信号待ちをしているときに、目の前の赤信号を無視して車が横断歩道を横切りました。なぜその運転手は信号無視をしたのでしょうか？
　こんな場面では、「無謀でルールを守らない性格の人だからだろう」とパッと思う人が多いのではないでしょうか。このとき、信号無視という行動の原因は、その人の性格にあると推測しています。

しかし、もしかすると車の後部座席には大怪我をした子供が乗っていて、慌てて病院に連れて行く途中なのかもしれません。もしくは、人生のかかった大事な試験に遅れそうなのかもしれません。

もちろん、だから信号無視が許されるといった話をしたいのではありません。私たちは「なにかその人が置かれた状況や事情があるから、信号無視という行動を取ったのだろう」と推測することが苦手です。そして、**デフォルト**で「無謀でルール違反をしやすい性格だ」といったその個人の内面が原因だと思いやすいのです。

この後本章で詳しく説明しますが、「集団が持つ影響力」は強いものです。しかし、すぐに私たちは物事の原因を個人の内面ばかりに持っていってしまい、集団の影響力を無視してしまいがちだとも言えます。

それは職場でも同じです。

「自分の仕事しかやらず、人を助けない人」を
見ると、「自己中心的」な性格に見えるでしょう。

「きつい口調で話す人」を見ると、
「怒りっぽい」性格に見えるでしょう。

　しかしもしも、そういう人が職場にたくさんいるなら、この
人たち全員が「もともと自己中心的で怒りっぽい性格」の人だ
というわけではないでしょう。
　職場全体がそうであるならば、原因は個人だけの問題で
はなく、**そうふるまわせるその集団側に原因があるの
です。**

個人の性格や能力ばかりに注目しても
組織は変わらない

　もちろん性格は人間の行動に影響をもたらします。これは
性格心理学で数多く研究されてきたことです。性格の役割を
完全に無視するべきではありません。

　ただし、性格は変えにくいものです。少なくとも短期的に変
えるのは難しいものです。

むしろ、変わりにくい心理・行動の傾向を性格と呼んでいるので、そもそも短期的な変化や改善を考えにくいともいえます。

　そのため、性格の影響はたしかにないわけでもないのですが、仮に「〇〇さんがチームでうまく働けていない原因は〇〇な性格にある」というように性格が原因だと分かったとしても、**「そういう人だからね」で終わってしまい、それ以上の対策が取れなくなってしまいます。**

　組織として管理・対策するためには、変えられるものを対象にしないといけません。変えにくい性格ばかりに固執してもその先がないのです。

　基本的帰属のエラーによって、私たちはそもそも「性格が原因だと過度に思いこみやすい」からこそ、うまくいかない原因を性格だけに押しつけずに、性格ではないところからアプローチをしていくことが必要になります。

組織は「集団」だからうまくいかない　　31

集団の「状況」から手を入れていこう

だから、本書では個人の性格や能力ばかりに注目するのではなく、**集団状況から働きかけることを重視します。**
マネジメントという観点からは、**状況からお膳立てすることが重要です。**

人間の行動は、性格や能力だけではなく、その人が置かれている状況に大きく左右されます。

再度、信号無視を例に考えてみましょう。

たとえば、警察官が見ている前では、ほとんどの人が信号無視をしなくなるでしょう。あるいはビュンビュンと速度の早い車がたくさん通っている交差点でも、事故にあう可能性が高い中でわざわざ赤信号を無視して通ろうとすることもないでしょう。

このとき、この人が信号無視をしない理由は、「ルール違反をしない真面目な性格だから」と性格から解釈するよりも、**「警察官が見ているから」「交通量が多くて危険だから」という状況から考える方が適切でしょう。**

これはあまりに当たり前です。しかし、この例から気づくのは、いつでもどこでも誰の前でも信号無視をする性格の人がいるわけではないという点です。**「誰が見ているか」や「交通量」という状況次第で人間は行動を変えているのです。**

これは他の場面でも同様にあてはまります。

おしゃべりな人だって、映画館や卒業式では、ほとんど口を開かず静かに座っているでしょう。

部下の前では不機嫌で横柄な態度を取る人も、社長の前ではニコニコ愛想よく話すかもしれません。

人間の行動というのは、実はとても状況に依存しています。逆にいうと、状況を適切にマネジメントすれば人間の行動は変えることができるのです。

映画館で静かに座る人	社長とニコニコと話す人
✕ 物静かな性格の人	✕ いつも笑顔な人
◯ 映画館だから静かに座っている	◯ 偉い社長の前だから愛想を良くしている
別の場面では、おしゃべりな人かも	別の場面では部下に横柄な態度を取っているかも

人はいつでもどこでも同じふるまいをするのではなく、
置かれた状況に合わせて振る舞いが変わる

逆に言うと……

状況を適切に変えることで、
人の行動は変えられる

誰か1人を「犯人」にしても、
組織の問題は解決しない

　本書のメインテーマである「集団」というのは、まさに**メンバーに与える状況そのもの**です。

　集団という状況によってメンバーの行動が変わり、メンバーの行動が変わることで集団全体が変わっていきます。個々のメンバーと集団全体が相互に影響を与え合い、集団が形づくられていきます。こうした集団とメンバーとがお互いに影響しあい変化していくダイナミズムを考えていくことが必要です。

　組織で問題を起こす個人を「腐ったリンゴ (bad apple)」と呼ぶ英語の比喩表現があります。日本だとみかんで表現されることが多いでしょうか。メンバー個人を「腐った」などと呼ぶひどい表現でもありますが、この比喩はある意味で示唆的です。

「腐ったリンゴ」があったときに、そのリンゴ自体に腐りやすい性質があったのでしょうか?

　しかし、それは先ほどから述べているように、個人の性格や能力に過度に原因を求めすぎています。

　むしろ「腐ったリンゴ」が複数現れるなら、リンゴを入れている「カゴ」、つまりメンバーが入っている集団の方に腐らせる原因があるのかもしれません。

　私たちは「カゴ」の方から改善を試みることが必要です。さらには、「カゴ」次第で「有能なリンゴ」の活躍をさらに高めることもできるかもしれません。

　組織の中では、**個人の性格や能力だけに注目していても、適切に理解できません。**

・鳴り物入りで有能な人を集めたチームなのに、
　会議ではみな押し黙っていて、平凡なアイデアしか出てこない

・真面目な人材であることを重視して採用しているにもかかわらず、
　誰も本腰を入れて仕事をしようとしない

・多様性が大事だと考え、異なる背景を持つメンバーを集めた
　プロジェクトチームが、意見が合わず仲違いしてしまい、
　結果的に失敗してしまう

どれも誰か1人の「犯人」がいるケースではありません。無理やり「犯人」に見える誰か1人に責任を押しつけても、問題の解決は見込めないでしょう。

その反対に、成功している集団の中でも、誰か1人のスタープレイヤーや功労者を見つけて、その人だけに報奨を与えても、継続したチーム全体の成功につながるとは限りません。

つまり、集団全体の成功や失敗は、単純に誰か1人には還元することができません。

メンバー同士の相互作用の産物として、集団全体のダイナミズムが生まれるのです。このダイナミズムを理解しないといけないのです。

集団という入れ物ごと
よくすることが必要

　ここで重要となるのは、**集団という「入れ物」をいかに機能させるか**です。集団全体を的確に機能させる方法を考えることが必要です。

　もちろんそれは簡単なことではありません。**長年の慣習の中で悪い風土がはびこってしまい、変えるのが難しい場合も多いでしょう。**それでも、集団という入れ物ごと良くしないことには、そこにいるメンバーの行動は改善しません。

　集団という入れ物次第で、人は変わるのであり、人が変わることで、集団が変わります。
　この循環構造を理解して、適切にマネジメントしていかなくてはなりません。

集団という「入れ物」次第でメンバーが大きく変わる

1人の個人を"犯人"扱いして終わるのではなく、みんなで「入れ物」としての集団づくりを考えることが必要

本書が示す良い集団とは

　さて「良い集団」とはどんな集団なのでしょうか。読み進めるうちにお気づきになるかもしれませんが、本書では似たようなトピックの話が繰り返し登場します。

　たとえば、集団の愚かな意思決定、メンバー間の意見対立、リーダーシップなど、さまざまなテーマの中で「信頼」や「心理的安全性」の重要性が繰り返し説明されます。

　このように内容が重複する理由は、**それが優れた集団において本質的な要素であるから**です。根源的に重要な要素だからこそ、どの現象を説明する際にも繰り返し言及されるのです。

　本書ではそういった重要な要素を4つのキーポイントに整理しました。協力、受容、信頼、コミットメントです。この4つがある集団が「良い集団」です。当たり前に思えるかもしれません。しかし、これらがあなたの属する集団ではどのくらいできているでしょうか?

　この4つを適切に満たした集団をつくることは、決して容易なことではありません。

集団づくりにおける4つのキーポイント

協力

メンバー同士が互いに協力して助け合い、チームワークが発揮できていること

- ☑ 協力
- ☑ 協調
- ☑ チームワーク
- ☑ 情報共有

受容

人間関係に十分に配慮し、一人ひとりを尊重する寛容さを持ち、メンバー全員を包摂する集団を育むこと

- ☑ 包摂
- ☑ 配慮
- ☑ 多様性
- ☑ 尊重
- ☑ 寛容さ

信頼

メンバーがお互いに信頼でき、自由に意見を述べても大丈夫だと感じられ、コミュニケーションが促進されること

- ☑ 心理的安全性
- ☑ 安全基地
- ☑ 信頼
- ☑ コミュニケーション
- ☑ オープンマインド

コミットメント

集団全体で高い目標を共有し、集団と課題にしっかりとコミットしながら積極的に挑戦していくこと

- ☑ コミットメント
- ☑ 変革
- ☑ 目標共有
- ☑ モチベーション
- ☑ 挑戦
- ☑ プロアクティブ

これらの要素は緊密に関係し合っているものです。

まずはこの４つのポイントを押さえながら本書を読み進めていただくと、「ここでは『協力』が重視されている」「確かに他人を尊重して『受容』することは大事だ」といったように、勘所が思い浮かべやすく洞察が得やすくなるでしょう。

ここまでこの本の重要な視点をざっと眺めてみました。
この章は改めて、全体を読んでもらった上で、もう一回戻ってきて読んでいただくとより理解も深まります。

ではさっそく、次の章から詳しく見ていきましょう。

第 **1** 部

負の〝集団心理〟

2章

賢い人々でも
集団になると
愚かな決断をする

集団浅慮

「賢い人」でも集まると
「愚かな集団」となる

「賢い人を集めたはずなのに、なんでこんなバカげた結論になったんだろう?」と思ったこと、ありませんか?

たとえば政治家や官僚、大企業の経営層など、その集団のメンバーそれぞれは華々しいキャリアを持ち、賢くて仕事ができる人ばかりでしょう。それにもかかわらず、集団になった途端、素人から見ても明らかに問題が多い決定案が出てくることがあります。

みなさんのまわりの、会社や学校や地域などでチームをつくったときなどにも心あたりがあるのではないでしょうか。それぞれは優秀で、コミュニケーションも得意な人なのに、結局平々凡々なアイデアに収れんし、無理のあるスケジュールでプロジェクトが進んでしまう。

本当にその決定、人前に出しても大丈夫って思ったのでしょうか?

実は、集団による愚かな意思決定というのは、"集団心理"から考えると、いかにもよくあることです。

優れた人が集まったからといって、必ずしも優れた集団になるわけではありません。

ここにまさに"集団心理"の落とし穴が隠れています。

こうした「賢い人々による愚かな決断」はなぜ起こるのでしょうか?

そこには、「集団浅慮」という現象があります。

集団浅慮とは、集団のまとまりを追求するあまり、非合理で未熟な意思決定をしてしまう集団の状態です。集団になると、ときに浅はかな考えにとらわれてしまうのです。

賢い人が集まって決めたのに
未曾有の事故すら起こる

ここで、2つのスペースシャトルの事故の事例を見ていただきます。集団浅慮が起こったとされる事例です。

スペースシャトルの開発や運用に携わる人々ですから、当然賢くて優秀な、その道のプロフェッショナルのはずです。

それにもかかわらず、その集団が出した結論は問題のあるものだったのです。

まず、スペースシャトル・チャレンジャー号の爆発事故を見ていきましょう。※1

アメリカのスペースシャトル・チャレンジャー号は、打ち上げてからわずか73秒後に爆発事故を起こし、乗組員が全員犠牲になりました。1986年1月28日のことです。

爆発の直接の原因は、ブースター（推進器）のゴム製の接続部が低温により弾性を失い、ガス漏れが発生したことでした。これだけなら製造上の欠陥が原因だったと聞こえるかもしれません。

しかし、この背後には、実は集団の問題が隠れています。

こうした事故の可能性は、ブースターを開発した技術者からすでに指摘されていたものでした。

※1　Esser & Lindoerfer (1989); Moorhead, Ference, & Neck (1991); 澤岡 (2004)

賢い人々でも集団になると愚かな決断をする　　47

ブースターを開発したのは、サイオコール社という製造会社の技術者です。
　彼らは、低温下では接続部の機能低下によって打ち上げが危険だと気づいていました。そして、打ち上げ前夜のビデオ会議で、**打ち上げの中止をNASAに勧告するように会社の上層部に求めていたのです。**
　それにもかかわらず、サイオコール社の経営陣は、打ち上げ可否の最終決定を行う会議で、こうした反対意見を無視して、打ち上げを決定しました。

　打上げに反対していた技術担当の副社長ルンドに対して、上級副社長メーソンは次のような言葉を言ったそうです。

　君は技術者の帽子を脱いで、経営者の帽子をかぶりなさい

　つまり、技術者としての安全性よりも、経営者として自社の利益を重視する考えのもと、異論を述べたメンバーに「私たちと同じ経営者のマインドを持つように」と迫ったのです。
　最終的に、反対意見が潰される形で「経営陣4名全員が打ち上げ賛成」という決定が下されました。

　打ち上げ当日、予報どおりに寒波が到来し、気温がとても低い日になりました。そして、打ち上げたシャトルは爆発してしまいました。

② コロンビア号空中分解事故（2003年）

もうひとつが、スペースシャトル・コロンビア号です。※2

チャレンジャー号の事故から17年後の2003年に、スペースシャトル・コロンビア号が空中分解事故を起こしました。地球に帰還するために大気圏に突入した直後に空中分解し、乗組員全員が犠牲になりました。

この事故の直接の原因は、打ちあげ時に燃料タンクからはがれ落ちた断熱材が、左翼の断熱材にぶつかり破損したことでした。帰還時の大気圏で、この翼が高温となり事故が起きたのです。

この事故でも、NASAの組織でチャレンジャー号同様に集団浅慮が起きたと考えられます。

NASAは、打ち上げ時に翼が破損した可能性に気づいていました。その部位が破損しているかどうか、確認するための撮影が必要だったのですが、それを行えば、準備していた宇宙空間での実験の中止など、スケジュールが大幅に遅れてしまいます。

断熱材衝突評価チームのメンバーは、翼破損の可能性があることは深刻な問題であるため、機体の撮影確認が必要だと認識していました。

一方で、NASAの計画部門マネージャーのリンダ・ハムが撮影は不要だと通知しました。結局、評価チームは撮影確認を強く主張できませんでした。

このとき、技術者のひとりが、機体撮影が許可されなかったことに落胆して、「序列がはるか上の人間にものを言うなど……エンジニアには無理だ」という仲間へのメールを残しています。

※2　澤岡（2004）; Edmondson（2019, 翻訳2021）Dimitroff, Schmidt, & Bond（2005）

また、事故調査の中であなたはなぜ意見を述べなかったのかと尋ねられた際に、

「私は底辺にいて、彼女（マネージャーのリンダ・ハム）ははるか上にいるのだから」と手を頭上に突き上げながら述べたそうです。

　打ち上げから帰還までには２週間ありました。
　その間に適切に修繕を行うことや、乗組員を別の機体に移すことができたかもしれません。
　「時間がない」「仕方ない」「きっと大丈夫だろう」という祈りにも似た楽観的な空気が集団を支配していたことが、結果として大きな事故へとつながってしまった事例だといえます。

集団浅慮は、
いつでもどこでも生じるもの

　さて、２つのスペースシャトルの事故の事例を見ていただきました。

　もちろん、こうした失敗が起こったのは、スペースシャトル打ち上げという特殊な状況に限られたものではありません。
　「集団の意思決定」の失敗は、組織があるところどこにでも起こりえます。 会社でも起きることですし、政治、スポーツ、学校など、あらゆる場面で同じ現象が見られます。
　集団浅慮は、この現象がはじめに考えられたときよりも、もっと幅広い場面で起きることが指摘されてきました。
　その普遍性から「集団浅慮のユビキタス性」とも呼ばれます。※3

　ユビキタスとは、「いつでも・どこにでも存在すること」。組織にとって、集団が浅はかな決定をしてしまうことは、どこにでも存在する、当たり前の現象とも言えます。

　「集団浅慮」(groupthink)と呼んだのは、社会心理学者のアーヴィング・ジャニスです。ジャニスは、ピッグス湾侵攻や真珠湾攻撃直前など、政治的意思決定の事例を分析しました。その分析を通じて彼は、次のような社会・心理プロセスをモデル化しました[※4]。**図2-1**は、当初のモデルに基づき、近年の研究の進展を踏まえて整理したものです。

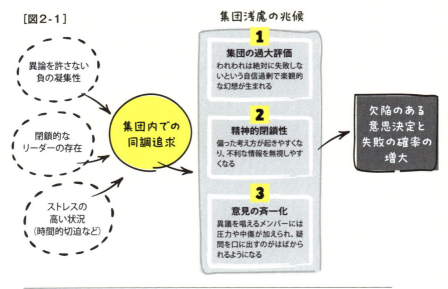

[図2-1]

※3　Baron (2005)　　※4　Janis (1982, 翻訳2022)

集団浅慮の3つの「兆候」

　集団浅慮のもっとも中核となるものは、集団内での**「同調追求」**です。同調追求とは、その集団が満場一致した一枚岩の状態になろうとすることです。これは、集団が進む方向性に自分の意思で積極的に同調したがるという面もあれば、本人はイヤイヤながらもまわりのメンバーからの同調を求められる面もともに含まれます。**後者は俗に言う、同調圧力に屈するというもの**です。

　集団全体が一枚岩となって1つの方向へと進むことはプロジェクトを進めるために必要な過程ですが、**そのとき、集団は愚かな意思決定を行ってしまうことがあります。**

　同調追求が行われていると、集団内には次の3つの集団浅慮の「兆候」が現れるとされます。

1　集団の過大評価

「自分たちは無敵だ」「我々は絶対に失敗しない」など、**自信過剰で思い上がった幻想が生まれます。**そして、「余裕だろう」と楽観的な見方が集団内で優勢になっていきます。

2 精神的閉鎖性

かたよった考え方が起きやすくなります。そうなると、**自分たちに不利だと思われる情報は割り引いて解釈されてしまいます**。また、「敵のリーダーは悪者だとか馬鹿だ」といったステレオタイプな見方をしてしまいます。これは先の自信過剰と結びつくものです。

3 意見の斉一化

異議を唱えるメンバーに対して、圧力や中傷が加えられます。

その結果、**メンバーが問題に気づいたとしてもそれを指摘することができなくなります**。もし異論が出たとしても、邪魔者扱いをされて、握りつぶされてしまいます。

これらをビジネスの現場にあてはめてみると、

「自分たちは何の間違いも犯さない最強のチームだ。成功間違いない」
（集団の過大評価）
「確かに問題がないわけでもないが、それは些細なことで大したことはない」（精神的閉鎖性）
「おいおい、せっかく話がまとまりかけたのに、なんでケチをつけるの？邪魔する気？」（意見の斉一化）

といったところでしょうか。

このような兆候が見られる集団では、間違った意思決定が行われやすく、集団のパフォーマンスが低いことが示されています。※5

この3つの「兆候」を見てみると、集団浅慮の状態では、本当に必要な解決策を慎重に検討し的確な判断を行うことはむずかしそうです。また、集団が間違った方向に進んでいるのに、誰もとめることができなくなります。そもそも、とめた方がいいことにすら気づきにくい状態です。

たとえ組織の一部の人が、違う意見を持っていたとしても、前に反対意見を述べた人が裏切り者としてみなされてしまうことで、誰も声を上げないことも起こります。

そうして、大失敗になった後で振り返ると「あれがマズかったよね」などと気づくのですが、嘆いてももう後の祭りです。

あなたが属する組織では似たようなことが起きていませんか？

「和を乱すなよ」と
集団を守る人が現れる

特に、3の意見の斉一化は重要です。これは、その集団がみんな同じ意見になるということです。

ここでのキーパーソンは、護衛役（マインドガード）と呼ばれる人です。マインドガードとは、組織への反対意見を述べる人に、そこからの護衛を買って出る人です。つまり「和を乱すなよ」と牽制する人が現れることがあるのです。

※5　Park (2000); Choi & Kim (1999)

集団浅慮を提唱したジャニスは、キューバへのピッグス湾侵攻作戦を分析しました。
　そこでも「出る杭」を叩く護衛役が現れたとされています。
　それは、ケネディ大統領の弟であり、大統領側近のロバート・ケネディです。彼は、キューバ侵攻に反対意見を持っていたメンバーであるシュレジンジャーに対して、次のように釘を指しました。

「あなたが正しいにせよ間違っているにせよ、大統領はすでに決心している。その決心を先延ばしさせるな。いまや皆が全力で彼を助けるときだ」※6

つまり、あなたの意見が正しくても関係なく、集団みんなで進めていることの邪魔をするな、そう彼は述べたのです。

　ここでは、集団を守ることが優先されるあまりに、判断の順序がひっくり返っています。本来ならば正しい判断をするために集団を形成したはずです。しかし、集団が決めた判断を妨げないようにするために、正しさ自体を吟味することが二の次になってしまっています。

※6　Janis（1982, 翻訳 2022）

チャレンジャー号爆発事故で「君は技術者の帽子を脱いで、経営者の帽子をかぶりなさい」という言葉で同調するように圧力がかけられたのも同様です。

　こういった同調圧力とも呼べるものは、会社や学校など今の日本社会のいたるところでも見られるものですよね。

「みんなで一生懸命やってるところなのに、和を乱すなよ」

　そう発言する本人は、集団のためを思って言っているのでしょう。**しかし、メンバーから出た異論は、致命的な問題を指摘している可能性もあります。**異論が出るたびに排除ばかりしていては、改善は期待できず、集団はどんどん萎縮していく一方です。

まとまりの良い集団が悪いのか？

　ここで、集団浅慮という現象が、そもそもどのように生まれるのかについて考えてみましょう。

　凝集性とは、「集団のまとまりのよさ」を指します。これはその組織が「うちのチームは魅力的だ」「所属していて嬉しい、楽しい」など、メンバーを引きつける程度のことで、凝集性が高い組織はメンバーが「そこに所属したい」という思いが強くなり、低い組織はその反対になります。

　初期の理論では、この「凝集性」が集団浅慮の最大の原因だと考えられてきました。さきほどのジャニスが最重要要因として凝集性をあげていたためです[※7]。集団浅慮は、集団が、その「まとまりのよさ」を維持したいあまり、「同調追求」を強めるために起こるとされていました。同調追求は、集団浅慮の中心的な原因なので、結果的に集団浅慮が起きやすくなるというのが当初の理解でした。

　ところが、その後に行われた研究では、凝集性は必ずしも集団浅慮の原因だとは言えないことがわかりました。

　ジャニスが提唱した初期モデルが妥当かどうかがその後の研究で検証されました。**それによると、凝集性それ自体は、必ずしも悪い結果を**

※7　Janis（1982, 翻訳 2022）

もたらすわけではないということが明らかになったのです。※8

　実験場面で凝集性が集団の意思決定に及ぼす効果を検証した研究では、実験結果が研究ごとに異なっていました。そのため、少なくとも単純に凝集性が悪影響をもたらす結果ばかりにはなっていませんでした。※9むしろ現場のチームを対象にした研究では、凝集性が高く、まとまりの良いチームは高い成果をあげる傾向があることも繰り返し示されています。※10

　よくよく考えてみると、集団がまとまっていること自体は、悪いものではなく、むしろ集団に必要な要素です。メンバーがバラバラな組織よりも、まとまっている方がパフォーマンスは高いものです。凝集性それ自体を悪玉だと見なすと、その本質を適切に理解できません。

　しかし、凝集性には、もちろんジャニスが指摘したように同調追求を強める負の側面もあります。そのため、「凝集性」には功罪の二面性があることを踏まえた上で、そのマイナスの面が何であるのかを丁寧に考えていかないといけません。

集団浅慮はなぜ起こるのか？
——「異論を許さない」ことが失敗のはじまり

　では、何が集団浅慮を引き起こす鍵なのでしょうか。
　さきほどの51ページの**図2-1**では、大きく3つの要因を取りあげました。

※8　Rose（2011）; Esser（1998）
※9　Flower（1977）; Leana（1985）; Bernthal & Insko（1993）; Hodson & Sorrentino（1997）など
※10　Mullen & Copper（1994）; Beal., Cohen, Burke, & McLendon（2003）; Grossman, Nolan, Rosch, Mazer, & Salas（2021）

（1）異論を許さない負の凝集性
（2）閉鎖的なリーダーの存在
（3）ストレスの高い状況

の3つです。順に見ていきましょう。

1　異論を許さない負の凝集性

　集団浅慮を起こす3つの要因の中で最も重要なのが「異論を許さない負の凝集性」です。異なった意見を許さない凝集性とはどのようなものなのでしょうか。

　図2-1に「負の凝集性」と書いていますが、凝集性には光と影の2つの面があります。

　さきほど説明したように、凝集性自体は必ずしも悪いものではなく、むしろ集団が高い生産性をあげていくためには必要なものです。
　一方で、凝集性にはマイナスの面もあります。集団のまとまりを極端に重視して、**異論を認めないような空気が生まれると、そこから集団浅慮が生まれてしまいます。**

　では、異論を認めない空気の背景には何があるのでしょうか。
　そこには**自分を集団の一員として認識する「われわれ意識」を維持しようとする心理があることが指摘されています。**[11]
　集団に対してわれわれ意識を強く持つと、集団を守ろうとすることが優先され、異なる意見が受け入れられなくなってしまいます。
　さきほど、「自分たちはすごい」といった過大評価が集団浅慮の兆

※11　Turner & Pratkanis（1998）

賢い人々でも集団になると愚かな決断をする　**59**

候だと説明しましたが、こうした自信過剰な状態では、少しでも否定的に評価されることに過敏反応をしてしまうのかもしれません。

　結局のところ、集団浅慮を引き起こす最大の問題は、**意見の多様性が認められなくなること**だと言えます。
　異論を述べる者が、和を乱す「逸脱者」として排斥され続けてしまうと、重大な問題点さえも集団の中で見すごされる可能性があります。
　反対意見が言いづらい、あるいは仮に述べてもすぐに潰されてしまうような集団の状況が、愚かな意思決定を引き起こすのです。

　先に紹介した2つのスペースシャトルの事故には少し違いがあります。

　チャレンジャー号は「異論を言ったが潰された」
　コロンビア号は「異論自体を述べられなかった」

　というものです。

　しかし、どちらの事例も、**異論を受け入れる土壌がなかった**という点では共通しています。
　異論が受け入れられない集団状態それこそが、集団浅慮の兆候を引き起こし、欠陥のある意思決定に陥る最大の要因です。

　1986年のチャレンジャー号爆発事故の反省から、NASAではずっとものを言える空気の重要性が叫ばれていました。[12]

※12　澤岡（2004）

それでもなお、2003年のコロンビア号の事故が起こってしまい、再び集団浅慮が事故の一因となってしまいました。

異論を集団が受け入れること、意見の多様性を認めることはとても難しいことです。

さらに、異論が出せない状況では、本当は間違っている考えが、メンバーでお互いに正しいと補強されることも起きてしまいます。これは集団極性化と呼ばれます。メンバー同士がお互いに「やっぱり自分たちの意見は正しいよね」と言い合うことが原因の1つです。これは4章で詳しく説明します。

同調は日本の特徴だなんて言われがちです。

しかし、ここであげた事例が個人主義的な社会であるアメリカで起きたものであることから分かるように、日本だけの問題ではありません。**これは日本でも、アメリカでも、他の国でも、どこででも起こりうる現象なのです。**

同調に関しては、4章で改めて詳しく説明します。

2 閉鎖的なリーダーの存在

もう1つ、集団にとって注目すべきことは、閉鎖的なリーダーシップです。

これはジャニスのモデルでも指摘されており、その後の研究でも一貫してその悪影響が確認されています。

いわゆる「不適切なリーダー」のもたらす悪影響は大きいものです。

さきほどのチャレンジャー号の爆発事故では、トップの管理者が打ち上げ賛成という意向を積極的に表明していました。それによって、

他のメンバーが異論を述べることが困難となってしまったことが分かっています。[※13]

また、多くの心理学の実験研究でも、**公平なリーダーシップが欠けているときには、適切な集団意思決定が行われにくくなる**ことが示されています。[※14]

これも結局は、先に紹介した「異論を許さない」ことの問題へとつながっていきます。

リーダーシップに関しては、7章でさらに詳しく扱っていきます。

3 ストレスの高い状況

ストレスや外部からの圧力も重要な要因です。特に、**時間がない**ということは、その中でも主たる原因になります。[※15]

時間が迫っていて、即座に決定を下さなければならない状況では、集団浅慮が発生しやすくなります。

爆発事故を起こしたチャレンジャー号とコロンビア号の両方ともに、何度も延期を繰り返される中で、

※13　Moorhead et al. (1991)
※14　Flowers (1977); Leana (1985); Hodson & Sorrentino (1997)
※15　Neck & Moorhead (1995)

	第 1 部				第 2 部			第 3 部		
1	**2**	3	4	5	6	7	8	9	10	11

「そろそろ打ち上げなければ」

「遅れを取り戻さなければ」

　という空気が存在していました。

　チャレンジャー号では氷点下の気温での打ち上げ延期が進言された際に、NASA の幹部が「春まで待てというのか?」とどなりつけたというエピソードも残されています。 ※16

　時間がなくて焦った結果、まったくダメなものを選んでしまったという経験、これはもうだれもが心当たりがあることでしょう。

　個人であれ集団であれ、時間や労力に余裕がないと適切な判断を下すのは困難になります。

※16　澤岡 (2004)

集団浅慮に
対処するために

では、集団浅慮を起こさないためにはどうしたらいいのでしょうか。**集団浅慮の最大の原因は、異論を許さない空気が職場に存在すること**でした。つまり、いかに異論を許さない空気を排除し、多様な意見を集団内に持ち込むか、というのが集団浅慮を防ぐ上で最も重要なことです。

ここでは具体的な対策として2つ取り上げましょう。

1 異論を言う役割の人をつくる

異論を集団に持ち込むために、そもそも**「異論を言う役割」の人をつくってしまう**というやり方があります。

これは**「悪魔の代弁者法**（デビルズ・アドボケイト法）」と呼ばれる集団意思決定の手法です。

批判する役をメンバーの1人（もしくは少数の人）にやってもらいます。そして、話し合いの最中かその後で、意見やアイデアの欠点を見つけてもらって批判させます。

実験研究では、悪魔の代弁者法が集団の意思決定の質を向上させることが指摘されてきました。※17

先に紹介したピッグス湾侵攻作戦の失敗は、集団浅慮の典型的な例だとされます。**しかし、その翌年のキューバ危機では、同じケネディ政権は適切に意思決定を行い、戦争を回避しました。**

　政権のメンバーはほぼ同じなので、メンバー個人からうまくいった理由を説明することはできません。**この違いが生まれたのは、政権に「悪魔の代弁者」役を取り入れて、徹底的に批判しながら検証したからだと言われます。**[18]

　また、集団の中だけではなく、外部に「敵対チーム（レッドチーム）」をつくることも有効です[19]。**反対意見をぶつけてくる集団を外に設定することで、自分たちの意思決定の問題点を洗い出せます。**

　大切なのは、集団の内からも外からも、自分たちの決定への批判的な検証をいかに促すかなのです。

　とはいえ、悪魔の代弁者法には難しさもあります。

　批判役を設けることで集団への満足度が低下してしまう可能性があります。[20]

　批判を繰り返し受けると、やはり人間は嫌な気持ちになります。

　結局、批判を受け入れるためには、集団に確固とした土台が必要になってきます。

　土台づくりとして、話し合いの前には、司会役（ファシリテーター）が「今日は〇〇さんが批判する役割をお願いします。しっかりと問題点を見つけるようにしてください」などといったように、あくまでも役割であることを、きちんと明示して進めることが重要でしょう。

※17　Schwenk (1984);Schwenk (1990)　　　　　※19　Zenko (2015, 翻訳 2016)
※18　Janis (1982, 翻訳 2022)　　　　　　　　　※20　Schweiger, Sandberg, & Ragan (1986); Schwenk, & Cosier (1993)

また、**批判役を交代することで、一部の人だけが嫌な役回りを担うことがないように配慮すること**も重要です。

　それとともに、批判役の指摘の仕方も大事です。
　あくまでも否定する対象はアイデアであって、提唱者の人格的非難にならないように注意しないといけません。
　対立（8章）のところで書きますが、人間は指摘を受けると、「自分がバカにされた、人格を否定された」と思いがちです。関係を損ねないように、心理的安全性を確保して、個人を尊重したコミュニケーションを取ることも重要です。

　さらに、批判の真剣さも影響しそうです。
　役割として導入した批判役による形式的な反対意見を聞いたときよりも、**心から本気で述べた反対意見に触れたときの方が、集団意思決定の質が高い**という報告もあります。[21]
　役割を導入してせっかく批判役をつくっても、おざなりになってしまうと効果は低いということです。この点も、念頭に置いておいた方がいいでしょう。

2　異論を迎え入れる空気をつくる

　異なる意見を言われたときには、寛容さも大切です。
　すなわち、**集団として開かれた心（オープンマインド）を持つこと**が、適切な判断を下す上で不可欠です。
　これは、悪魔の代弁者を導入する際の注意点にも通じる話です。

※21　Schulz-Hardt et al. (2002); Nemeth, Brown, & Rogers (2001)

組織を育てたいなら、「異論を認める空気」を長いスパンでつくろう

　アメリカのコンサルティング企業マッキンゼーでは、「異論を唱える義務」が社員のコンサルタントに課せられているそうです。※22

　注目すべきは、権利ではなく「義務」となっている点です。「義務」とすることで、積極的に異論を表明することを強く推奨しています。

　つまり、役割として批判役を導入することも有用なのですが、それ以上に重要なのは、日常的に異論を歓迎する風土を組織につくり出すことです。**そして、実際に自然と異論が飛び交う組織をつくり上げていくことが必要なのです。**

　チームメンバー同士が、オープンマインドな議論を行い、建設的な対立を行うことは、チームの生産性やイノベーションに重要な役割を担っています。この点は、8章「対立」でより詳しく掘り下げます。

　異論を歓迎する風土は、一朝一夕でできあがるわけではありません。常日頃から少しずつ形づくっておかなくては機能しません。

　たとえば、いつもは部下に圧力ばかりかけている上司が、「じゃあ今日はなんでも思っていることを言っていいぞ！　何でも言える組織づく

※22　宇田（2014）

リが大事だからな」なんて突然言い出したとしても、部下は本音は言えないでしょう。

　結局のところ、「**少し自分の意見を言ってみた**」→「**受け入れてもらえた**」という小さな成功体験を一歩ずつ積み重ねていくことで、少しずつ建設的に異論を議論できるような空気が醸成されていきます。

　組織の成長のために、この視点はとても大切です。
　組織を育てようと思ったら、異論を認める空気を長い視点で少しずつつくっていく必要があります。

　これはまさに、9章でお話しする「心理的安全性」をいかに醸成するかという話へとつながります。
　心理的安全性はここ最近非常に注目を集めていますが、ちょうど集団浅慮の真逆の状態です。

　心理的安全性が高く、安全基地となるチームをつくる重要性は、また改めて取り上げていきます。
　多様性を重視して、異論を取り入れて活かしていくことが集団を成功させるカギなのです。

3章

話し合いが
うまくいかないワケ

集団の問題解決と創造性

集団で話し合えば
良い結論に達するわけではない

　新規の企画やサービスをつくろうと、みんなで集まってミーティングを行うことはよくあります。会社以外でも、集団で話し合う場面は多いものです。

　しかし、せっかくみんなで話し合っても、いや、みんなで話し合えばこそ、良い結論からむしろ遠ざかってしまうことがあります。

　たとえば、しっかりと会議の準備をして参加した、その問題に一番詳しい人よりも、**あまり詳しくないけどおしゃべりな人が持論をずっとしゃべりつづけた結果、よくわからない結論で決まってしまった**といった経験、みなさんはないでしょうか。こうした失敗の背後には、集団による「話し合い」が持つ落とし穴が隠れています。

　そもそも、なぜ私たちは集団で話し合いをするのでしょうか?

　「三人寄れば文殊の知恵」ということわざがあります。1人では解決が難しい問題であっても、3人が集まって集団になれば、知恵をつかさどる文殊菩薩のような賢さが手に入るというものです。

　英語でも「2つの頭は1つよりも良い (two heads are better than one)」という同様のことわざがあり、洋の東西を問わず、広く信じられてき

ました。

つまり、私たちは話し合いをすれば、より適切に問題を解決でき、創造的なアイデアが出てくると期待しています。

しかし、それって本当なのでしょうか。

この章では、集団での話し合いが問題解決や創造性にどう影響するかについて掘り下げていきます。

個人よりも集団は賢いの？

はじめに、「個人と集団のどちらの方が、よりよく問題解決できるのか」というのを確認しましょう。

一般的には、1人よりも、みんなで一緒に集団で問題に取り組んだ方が良い結果が得られるだろうと思いますよね。

これはそのとおりです。**多くの研究が個人よりも集団の方が優れた問題解決を行える**ことを示しています。

典型的な実験を紹介しましょう。

これは、数学の問題[23]や言葉の類推課題[24]を解いてもらう実験です。この実験は3つのフェーズで構成されています。

第1フェーズ	個人で解答 5〜6人の個人が各自バラバラに問題を解く

第2フェーズ	集団で解答 同じ問題を今度は集団で話し合いながら解く

第3フェーズ	個人で解答 同じ問題を改めて個人が各自バラバラに解く

実験の結果、まず、第1フェーズの個人解答から第2フェーズの集団解答になった際に、正答率が大幅に上昇しました。
誰か1人でも正解にたどり着ければそれを共有できるためです。特に明確な1つの正解が存在する数学の問題では顕著でした。

さらに、第3フェーズでもう一度、一人ひとりバラバラに解いてもらうときには、集団で一度解けたことでそのまま正解率は集団のときと同じになります。おおむね集団解答の正答率が維持されていました。

一方で、第1フェーズから第3フェーズまで、すべて個人だけで行ったパターンでは、正答率はほとんど上がりませんでした。つまり、単に時間をかけたことで、フェーズが進むほど正解率が高まったというわけではなかったのだといえます。

※23 Laughlin & Ellis (1986)　　　　　※24 Laughlin & Adamopoulos (1980)

重要なのは、メンバーの中にいる「正解者」を生かすこと

とはいえ、ここまでの結果は想像どおりのものかと思います。

難しい数学の問題でも、メンバーの中に誰か解ける人がいれば、その集団は正答できる、というだけのシンプルな話です。

しかし、この実験が示しているのは、実はそれだけではありません。さらに詳しく見ていくと、この実験結果はなかなか興味深いものです。

この実験では、第1フェーズで個人で問題を解いた後に、第2フェーズで集団で再度問題を解いてもらうという手順でした。

その中には、最初の個人解答の段階で、1人も解けなかった集団もあれば、もともと全員が解けた集団までさまざまでした。

もしも集団の中で誰か1人が正解を知っていれば、集団は正答できそうですよね。その人が他の人に教えればいいからです。

ところが実際には、1人では解けるメンバーが入っているのに、集団で解くと間違えたというケースが起きていました。しかも、それなりの頻度です。

この実験では、数学の課題という明確な答えがある問題のとき、第1フェーズで5人中1人が解けていた場合、第2フェーズの集団の正解率が83%でした。

つまり残りの17%、およそ6分の1が解けなかったことになります。

話し合いがうまくいかないワケ **73**

正解が分からないメンバーが
多数派だった場合、その人たちが正しい
意見を無視することがある

　解ける人が集団に含まれていたのに、なぜこのような残念なことが
起こったのでしょうか。

　**その理由は、集団の話し合いの中で正解者の意見をきちんと生かせ
なかったからです。**

　たとえば、**解けなかった他の多数派のメンバーが、正解が分かる人
の意見を無視したり、自説を押し通して誤った方向に誘導したりするこ
とで、話し合いが負の影響を及ぼすことがあります。**

　その結果、正解が集団の中にあったにもかかわらず、解答に反映さ
れなかったのです。

　なお、数学のような正解が明確な課題ではなく、あいまいな問題
だったらどうでしょうか。

　言語類推課題のような、よりあいまいな答えを行ってもらう場合に
は、メンバーに正解者がいたとしても、集団正解率はさらに下がりま
す。たったの28%しか正答できなかったという結果でした。[25]

　**正解が白黒はっきりつけにくい課題のときには、より正解者の意見が
取り入れにくかったのだといえます。**

　これを会社のミーティングに置きかえてみると、同じようなことが起
きそうではないでしょうか。

　この章の冒頭にあげた、会議であまり詳しくないにもかかわらず持

---

[25] Laughin & Adamopoulos（1980）

論をしゃべりつづけるような人は、まさしくこの例にあたるでしょう。詳しい人の意見が適切に反映されずに、あまり練れていない未熟な結論に決まってしまうというようなことは、よくあることだといえます。

まったく解けなかった問題も、集団なら解けることもある

　このように、集団で話し合って問題を解決することはなかなか難しいのです。とはいえ、集団で問題解決を試みること自体は悪いことではありません。**特に1人では手も足も出ないような難しい課題の場合には、集団で取り組むことは有益です。**

　注目したいのは、さきほどの実験で、数学の課題で5人中誰も解けなかった場合でも、第2フェーズで集団で話し合いをしたときに、正解率が50%となった点です。

　1人では**誰も解けなかった問題でも、みんなで協力し合うことで問題解決にたどり着けるようになった**とも言えます。

　また、知的により難しい課題の場合には、集団で話し合うことで、集団の中の最も優れた個人よりも上回る成果をあげることも可能だと指摘されています。※26

　このように、集団の話し合いは、適切に運用されれば、1人だけでは解決が難しい問題に対して有効な解決策を生み出す強力なツールであるといえます。しかし、そうできなければ、問題解決を遠ざけてしまう可能性もあります。

　重要なのは、集団の話し合いのメンバーに含まれる「正解者」を適切に生かすことです。

※26　Laughlin, Bonner, & Miner（2002）

話し合いでより良い
アイデアは出てくるか
ブレイン・ストーミング

　ここまでは問題解決に焦点を当てて集団の話し合いの効果を見てきました。ここからは、新たなアイデアを生み出すにはどうしたらいいかを見ていきましょう。

　ブレイン・ストーミングをしたことがある人は多いでしょう。略して「ブレスト」と呼ばれることもあります。

　ブレイン・ストーミングは、創造的なアイデアを生み出すための話し合いの手法として、さまざまな場面で使われています。

　しかし、実は心理学の研究では、集団で話し合うと、残念ながら生産性が低くなりがちであることが示されています。そして、その欠点を克服する方法が多く研究されてきました。

　ここでは、最初になぜブレストがうまくいかないことが多いのか、次にどうやってブレストの効果を高めればいいのかを説明します。

　ブレイン・ストーミングは、アメリカの実業家アレックス・オズボーンが提唱しました[27]。その名のとおり、脳内に嵐を巻き起こし、アイデアを次々と生み出すことを目指します。

※27　Osborn（1957）

　オズボーンが提唱したブレイン・ストーミングでは、次の4つの原則に基づいて話し合いを行います。

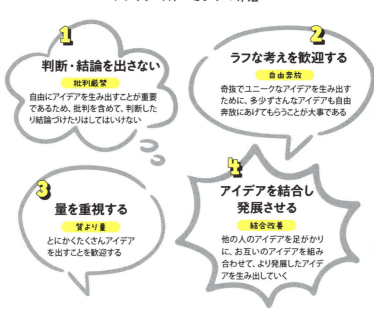

　これらの4つのルールにもとづいて、どんどんと思いつくままにアイデアを生み出していくことで、創造性を高めることが期待できます。たしかに、よさそうなやり方に思えるのではないでしょうか。
　実際に経験してよかったと思われている方も多いと思います。

集団で話し合う中で
ブレストの効果は低下する

ところがなんと、ブレイン・ストーミングが実際に効果的なのかを調べた心理学の実証研究によると、実はブレストは必ずしも効果的だとはいえないことが示されてきました。※28

もう少し正確にいうと、

> **ブレスト自体は効果的だが、1人でのブレストをあとから集めた方が、集団で話し合いながらブレストするよりも質も量も高い。集団で集まって話し合う効果は低いか、むしろ悪影響。**

というのが各種の実験研究から示されたのです。

ここで出てきた「1人でのブレスト」というのは何を意味するのでしょうか?

先ほど述べた4つの原則のうち、①〜③の「批判しない」「自由に考える」「量を出す」は自分1人でアイデアを考えるときにもできることです。つまり、「1人ブレスト」でできるものです。

一方で、④の「アイデアの結合・発展」に関しては、メンバーどうしの相互作用が必要なので、集団でしかできません。

当然ながら、集団の方が人数が多いので、生み出された総アイデア数は1人よりも多くなります。

※28　Diehl & Stroebe (1987); Mullen et al. (1991); 本間 (1996)

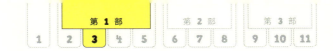

　ここで、集団での話し合いが生み出す効果を調べたければ、「話し合ってブレストした集団」と「1人ブレスト×人数分（重複分は除く）」の創造性を比べないといけません。

　そして、これまでの研究の結果では、①〜④までを全部含む「集団で話し合ってのブレスト」は、④以外の「1人ブレスト×人数分」よりも、**生み出されたアイデアの質も量も低い**という結果になっています。

　このことは、集団で話し合うと、むしろブレストの効果が下がってしまうことを示唆しています。

　特に集団サイズが大きくなるほど、ブレストの効果はさらに下がります。※29

集団でブレストすると、自分の中からアイデアが湧き出たと勘違いしがち

　もともとブレストの原理④「アイデアの結合・発展」で期待されていたのは、**他人のアイデアに乗っかって考えていく**ことでした。こうして、集団のメンバー同士がお互いに刺激し合うことでプラス効果があるだろうとみなされてきました。

　ところが実際にやってみると、そのような刺激し合うプラス効果はほとんど起きませんでした。

　むしろ集団で話すことのマイナス効果が生じたために、ブレストの効果が減少してしまうというなんとも皮肉なことが起きるのです。なぜマイナス効果が起きるのかは次の項目でお伝えします。

※29　Bouchard & Hare (1970); Mullen, Johnson, & Salas (1991)

話し合いがうまくいかないワケ　79

もちろんこれがすべての話し合いにあてはまるわけではありません。ときには、ブレストが求めるような、良い触発効果が生じることはあるでしょう。しかし、それは常に確認されるような効果的なものではありません。**全体としては、話し合いの悪影響の方が見られることが多いの**です。

　それでもなお、私たちは集団で話し合ってアイデア出しをするのが効果的だと、なんとなく素朴に信じているということも研究から示されてきました。[30]

　集団ブレストが効果的だとなぜ私たちは思ってしまうのでしょうか。
　それは、1人で考えるとアイデア出しに苦しむのに対して、集団で話し合うときには、1人のときよりもその場にたくさんアイデアが出てくるように思うからです[31]。話し合ううちに、自分が出したアイデアと他人が出したアイデアの区別がつかず混同してしまい、あたかも話し合いの中で自分の中からたくさんアイデアが湧き出たように思ってしまいます。[32]

　そもそも和気あいあいと話し合ってアイデア出しをする方が、1人孤独に、ペンと紙を前にうんうんうなってアイデア出しするよりも、楽しく充実しているように思うものです。
　つまり、集団の話し合いでたくさんアイデアが出されたという経験は一種の勘違いともいえます。
　厳密に検証すると、1人でブレストする方が有効な場合が多いというのが現実なのです。

※30　Paulus, Dzindolet, Poletes, & Camacho（1993）; 藤木（2020）
※31　Nijstad, Stroebe, & Lodewijkx（2006）
※32　Stroebe et al.（1992）

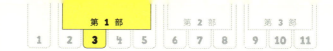

なぜ集団がブレストの効果を下げるのか？

　ここまで、ブレストのために話し合いをしているうちに創造性が下がってくる、という話をしました。残念な結果に思うかもしれません。
　ただし、ここで強調したいのは、ブレスト自体が問題だというわけではないということです。量を重視して自由奔放にアイデアを出していくブレストは、創造力を引き出す力があります。
　問題なのは、集団で話し合うと創造性が損なわれるという点です。
　では、なぜ集団で話し合うことで、ブレストがうまくいかなくなるのでしょうか。
　集団ブレストがうまくいかない主な原因は、以下になります。[33]

 他の人が話している間に、時間が有効に使えない

　集団の話し合いでは、複数メンバーが同時に発言できないため、**他の人が話している間、自分が話す順番を待つ必要があります**。また、その間に考える時間も十分に取れません[34]。つまり、話し合いでは時間を効率的に使えないのです。
　これは生産性ブロッキングと呼ばれます。

　会話というのは交代制です。
　たとえば、Aさん（15秒）→Bさん（25秒）→Aさん（11秒）→Cさん（34秒）→……といったように、メンバーは順繰りに会話を交代しながら話します。

※33　Nisjstad (2009); Sawyer (2007, 翻訳 2009)　　※34　Diehl & Stroebe (1987)

ある人がしゃべっている間には、他の人は発言できません。そのため、Aさんにたとえ良いアイデアが思い浮かんだとしても、現在発言しているBさんのターンを待たないといけません。

その間に忘れてしまったり、新しいアイデアを考えられなかったりもするでしょう。

また、話が脱線して、余計な話に時間を費やしてしまうこともあります。こうした集団話し合いの非効率・非生産的な要素が集団の創造性を下げてしまうのです。

原因2 やっぱり否定的評価が気になる

メンバーから悪く思われるのではないかという評価への不安も、集団の創造性を下げてしまいます。

「批判してはいけない」というのがブレストの前提ルールではあります。大ざっぱなアイデアを自分が言ったとしても表立って批判されることはないはずです。

それでも、やはり「こんなこと言ったら馬鹿にされたり、批判されたりするかも」と人はつい恐れを感じてしまい、思いついたままにアイデアを口に出すことが難しくなってしまいます。

ある実験[35]では、不安の強い人と弱い人でそれぞれ集団をつくり、ブレストを行ってもらいました。

　実験の結果、不安が強い人たちのグループでは、話し合いで出てくるアイデア数が、1人ブレストと比べて大幅に落ち込んでしまいました。しかし、不安が弱い人たちのグループでは、どちらの場合でも同等のアイデア数をあげることができました。

　不安が強い人たちは、他人の目を気にするあまり、集団の話し合いの中できちんと自分のアイデアを言うことができなくなってしまうのだといえます。

原因3　他の人にお任せモードになる

　集団でアイデアを出す場面では、他の人のがんばりに頼ってしまい、自分は楽してタダ乗りしてしまうことが起きます。

　ある実験[36]では、自分の集団の他のメンバーがブレストの経験が豊富だという情報を伝えると、その集団全体のブレストの生産性が下がってしまいました。

　しかも、経験豊富だと伝えられたメンバーの数が多いほど、特に生産性が低くなっていったのです。

　これは、まわりは優秀な人だと思うことで、「自分がやらなくても、みんながしっかりやってくれるだろう。あとは任せよう」と考え、**自分自身はフリーライダーとなったといえ**

※35　Camacho & Paulus (1995)　　　　　※36　Collaros & Anderson (1969)

話し合いがうまくいかないワケ

ます。これは5章で説明する「社会的手抜き」におけるモチベーション・ロスに当たります。

ちなみに、社会的手抜きでは、集団だけでなく、個人も評価される場面ではパフォーマンスは向上します。

それと同様のことをブレストにも適用し、集団全体だけではなく各個人のアイデア数も評価することを伝えるとブレストの結果も改善されます。※37

自分個人がどのくらい貢献しているかまわりにバレてしまう状況では、他の人にお任せにはしなくなるのです。

有効なブレストの行い方

以上の話を聞くと、「なんだ、ブレストは無意味なのか」と思った方もいるかと思います。しかし、それもそれで単純化しすぎた見方です。適切に使いさえすれば、ブレストは悪影響が緩和され、より良いアイデアを生み出せるいいツールになります。

ここから、研究で示された、より良いアイデアを引き出す話し合いの方法をご紹介します。

その背後にある基本的な考え方は、集団の話し合いに潜む悪影響を緩和して、メンバー同士がお互いに刺激し合いながら高めあう集団づくりを行っていくことだと言えます。

ここでは効果的なブレストのやり方として、4つほど紹介いたしましょう。

※37　Diehl & Stroebe (1987)

1 最初に 1人ブレストの 時間をつくる

まずは、集団での話し合いを始める前に、**最初に1人ブレストを行う時間を設けることをおすすめします。**[38]

集団で話し合うときには、それ自体に時間が割かれてしまい、じっくり考える時間が取れなくなるとお伝えしました。しかし、1人ブレストを事前に行えば、じっくり考える時間を確保できます。

これはシンプルで導入もしやすいでしょう。

今ブレストを実施している方は、ぜひ試してみてください。

たとえば、会議の最初の10分ほどの時間を、1人ブレストの時間にあてます。そうして、黙々とアイデアをどんどんと書き出してもらった上で、その一人ひとりのアイデア集を共有しながら、集団ブレストを始めるというものです。

これまでは「手ぶら」で来てもらって、いきなり話し合ってブレストを開始していたかもしれません。しかし、こうしたやり方を取り入れれば、集団の話し合いの負の影響が緩和されます。

ちなみに、逆の流れも効果的です。

先に集団ブレストをやった後に、1人ブレストをやることでも、アイデアの質が高まったことが報告されています。[39]

特に、集団ブレストで共有されたアイデアに注目するように促すと、他者のアイデアに触れたことで触発効果が見られ、より良いパフォーマンスが発揮されます。[40]

※38　Van De Ven & Delbecq (1971)
※39　Buchanan & Lindgren (1973)
※40　Dugosh, Paulus, Roland, & Yang (2000)

2 集団サイズは小さくする

対面でブレストを行う場合でも、集団サイズは小さくしましょう。なぜならば、集団が大きくなるほど、ブレストの効果は低下するからです[41]。対面ブレストで、1人ブレストに劣らない結果が得られたのは、人数が2人の場合だけだったという報告もあります。[42]

集団サイズが大きいほど、人の意見に耳を傾ける時間が増えたり、意見を言いにくかったりなど、集団が持つネガティブな影響が出やすくなります。せいぜい4人程度におさめる方がよいでしょう。

3 コンピュータを利用してチャット形式でブレスト（電子ブレスト）

意外に思われるかもしれませんが、**チャットを使ったブレストは効果的です。**インターネット上で、会話をしあう、あのチャット形式です。

これは、電子ブレイン・ストーミングと呼ばれ、まだインターネットも十分に普及していないパソコン通信の時代からその効果が検証されてきました。

繰り返し書いているとおり、ブレストの効果を妨げる一因は、生産性ブロッキングが起きること――つまり、他人の意見を聞いている間に、自分のアイデアを述べられず、新たなアイデアを考えることもできなくなることです。

しかし、チャットなら、いつでも自分のアイデアを書き込むことができます。他の人の発言を待つ必要はありません。

しかも、他の人が書き込んだアイデアをいつでも見直して、それを足

---

[41] Bouchard & Hare (1970); Mullen, Johnson, & Salas (1991)　　[42] Diehl & Stroebe (1987)

がかりにさらに新たなアイデアを考案することもできます。

ブレストの4番目の原理「アイデアの結合・発展」ができるのです。

これまでの対面ブレストはどうしても「1人ブレスト×人数分」を越えることができませんでした。1人ブレストに対して、集団の対面ブレストはなかなか勝てなかったのです。

しかし、ついに電子ブレストを用いることで「1人ブレスト×人数分」を越えるアイデア数となることが確認されました。[43]

1人ブレストを越える成果が見られるのは、電子ブレスト方法を使ったものが大半だという指摘もあり[44]、電子を使うことの有効性が示唆されます。

つまり、「ブレストのための話し合い中に、アイデアを出す時間が効率的に使えない」という問題を、電子ブレストは克服できたのです。

国内の研究でも、対面で話し合うブレストと比べて、電子的なチャット場面でブレストをする方が、生産性が高いことが示されています。[45]

興味深いことに、メタ分析の結果、チャットで行うブレストなら、集団サイズが大きいほど、相乗効果が大きいことも示されています。[46]

メタ分析とは複数の研究結果を統計的に分析して、より包括的な傾向や全体像を導き出す統計手法です。これを用いれば、単独で行われた個々の研究結果を越えて、より信頼性が高く、包括的な結論を得ることができます。この本でもメタ分析の結果を繰り返し参照しています。

※43　Dennnis & Valacich（1993）; Dennis & Williams（2007）; DeRosa et al.（2007）
※44　Paulus & Coskun（2013）
※45　三浦（2001）
※46　Dennis & Williams（2007）; DeRosa et al.（2007）

チャット形式であれば、集団サイズが大きいほど、自分が触発される意見にたくさん触れることができます。これがポジティブな効果を生み出すのです。

最後に、
どのアイデアがよかったか
みんなで評価をする。
ただし、協力しあう土台を
固めてから

最後にもう1つ、ブレストにとって重要なことをご紹介します。

それは、批判や評価を適切に取り入れることです。

ここで思い出してほしいのですが、ブレストの原理では、もともと批判は禁止されていました。この原則は、他のメンバーからの批判を恐れてアイデアを提案しなくなることを防ぐために生まれたものでした。

しかし、前章でも説明したとおり、異論や批判がまったくない状況は、愚かな意思決定である集団浅慮の発生にもつながります。

つまり、異論や批判を集団に適切に含めていくことは、集団では必要なものであり、それはアイデアを生み出す創造性についても有益です。

たとえば、世界をリードするデザイン会社、IDEO では、ブレイン・ストーミングを重視し、業務時間の5〜10% をブレイン・ストーミングに費やしているそうです。その結果、IDEO は数多くの革新的なアイデアと製品を生み出してきました。

IDEO がブレストを成功させている理由の1つに、ブレストによるアイデア創出のあとにアイデアの評価をしていることがあげられます。
※47
単にアイデアを出しっぱなしで終わるのではなく、ミーティングの最

※47　Sawyer (2007, 翻訳 2009)

後にどのアイデアがよかったか、みんなで評価をします。そうすることで、質の高いアイデアへと練り上げていくことができます。

つまり、批判や評価それ自体はあった方が良いのです。

しかし、そうすると今度は、批判や評価によって、集団メンバーが萎縮してしまうことが心配になります。これを防ぎながら、批判や評価を行いましょう。

ここで必要となることは、集団浅慮を防ぐときと同じです。**協力し合うことをよしとし、率直な意見を交換しあえるような土台を、集団にいかにつくっていくか**を考えていかなくてはいけません。

ここで示唆的な研究を1つ紹介します。

集団に協力的な土台があることが、批判や評価がプラス効果を生み出すために重要であることを指し示す研究です。※48

この実験では、大学の内外から参加者を集め、大学の都市型キャンパスを再設計するというプロジェクトに関する新規アイデアをブレストで出し合ってもらいました。

この実験では、批判がある場合とない場合、そして話し合う環境が協力的な場合と競争的な場合を比べ、出てくるアイデアの質や量がどうなるかを調べました。

実験の結果、協力的環境の下では、批判があることによってアイデアの質・量ともに高くなりました。

その反対に、競争的環境の下では、批判があることでアイデアの質・量ともに低くなったのです。

つまり、批判が創造性を低めるか高めるかは、環境次第なのです。

※48　Curhan, Labuzova, & Mehta (2021)

話し合いがうまくいかないワケ

競争的な環境では、批判は創造性を損ないます。

　一方で、協力的な環境をきちんと準備できていれば、批判が集団の創造性を育めるのです（図3-1）。**ここが重要な点となります。**

　競争的な環境で、批判が創造性を低めた理由として、人間関係の対立が増えたことが原因であることが分析の結果から示唆されました。つまり**競争的な環境では、批判は、人間関係をギスギスさせ、悪影響をもたらしていました。**

　しかし、それは協力的な環境ではあてはまりません。協力的な環境では、批判は人間関係の対立には結びついていませんでした。そして、集団の創造性にマイナスの影響も与えていませんでした。

　つまり批判を受け入れられる土台があることによって、ときに批判も含めた喧々諤々とした議論が、集団の創造性を高めるのです。

　批判や指摘ができることは組織にとってもちろん重要です。ただし、ちゃんと批判を受け入れられる土台を集団の中につくることができていればこそのものだと言えます。その土台ができていないと、批判は人間関係上の対立にしかなりません。集団の生産性を下げてしまうのです。

　このような協力的な風土があるチームは、心理的安全性の高いチームだとも言えます。前章に続いて、心理的安全性がまた最後に出てきました。結局のところ、ここに行き着くものなのです。

　心理的安全性は現代の職場の理解における鍵ともいえる考え方です。これも9章で詳しく説明します。

[図3-1]

協力的環境では、
適切に批判し、議論を深めることによって
集団の創造性が高められる

協力的環境では
批判が
創造性を高める

批判がブレストでの
創造性を高めるかどうかは
集団の環境次第

競争的環境では
批判が
創造性を低める

競争的環境では、
批判が人間関係上の
対立に直結してしまい、
集団の創造性が下がってしまう

話し合いがうまくいかないワケ

 章

集団の空気に縛られる私たち

集団規範と同調

私たちは、自分の属する 集団の空気にしばられている

集団を理解する上で「空気」は、カギとなるとても重要な存在です。

日々の生活や人間関係の中で、「空気を読む」ことは必要不可欠です。目に見えない「空気」を感じ取り、それに応じた適切な行動を取ることが求められます。

日本では一時期、「KY」という言葉が流行しました。「空気（K）を読めない（Y）」人を揶揄する表現です。この言葉が流行したという事実そのものが、空気を読むことが日々の生活でいかに当たり前のものであるかを示しています。

こうした「空気」という言葉は、もちろん組織や会社でも見受けられます。**存在する「空気」に流される形で、組織が思わぬ方向に進んでしまうこともあります。**同調追求が集団浅慮を起こすものだと説明しましたが、「空気を読め」が悪い方向にいくと、まさに集団浅慮を引き起こします。

後ほど改めて説明しますが、こうした「空気」の影響を受けるのは、日本人だけではありません。

世界中のどの文化でも、人々は集団の中で生きています。

世界中のあらゆる集団の中に、メンバーに影響を与える「空気」がしっかりと存在しているのです。

		第 1 部			第 2 部			第 3 部		
1	2	3	**4**	5	6	7	8	9	10	11

「空気」は、社会心理学では集団規範や社会規範と呼ばれ、これらについて、多くの研究が行われてきました。

集団規範や社会規範とは、**集団や社会に属するメンバーによって、それが正しいと認識され、行動や判断の基準となる暗黙のルール**のことを指します。

多くの人が、知らず知らずのうちに、自分の属する集団規範に縛られながら生きています。こうした規範はいかに形成され、私たちの心や行動にどのように影響をもたらすのでしょうか。

本書ではそのメカニズムについて詳しく見ていきましょう。

暗黙のルールとしての集団規範

集団規範とは、メンバーみんなに共有されている暗黙のルールです。メンバーが従うのは必ずしも、おおやけにルールとして明文化された規則だけではありません。**空気のように存在する暗黙のルールに私たちは従っています。**

遅刻や服装を例に見ていきましょう。

例 1 遅刻　たとえば、A社とB社では、就業規定ではともに「9時始業」と定められている場合を考えてみましょう。

A社では、8時40分にはみんなが出社して仕事を始めることが暗黙のルールとなっています。こうした状況では、8時50分に出社した場合でも、周囲から「遅いじゃないか」という非難の目が向けられます。

集団の空気に縛られる私たち　　**95**

一方で、Ｂ社は、規範が緩やかな会社です。同じく就業規定では「9時始業」であっても、9時前後に出社していればまわりの人から特に問題とは思われません。ただ、さすがに9時15分を超えると遅刻とみなされます。このような規範であることもあるでしょう。

例 2　服装

服装もまた、集団ごとに規範が違うものです。鉄道会社や銀行など、社内のルールとして制服が決まっている企業もあります。

　しかし、明確な社内規定がない場合でも、みんなが自由な私服で好きな格好をしているわけではなく、男性社員だと「スーツにネクタイ」が基本だという会社も多いでしょう。

　この場合、「スーツにネクタイ」は明文化された規定ではなく、あくまでも暗黙のルールです。しかし、集団のメンバーはみんな、この暗黙のルールに従い、一定の範囲に収まる節度ある服装をしています。

　もちろんこうした規範は時と場合に応じて変わることもあります。

　クールビズは、今ではあたりまえとなりました。しかし、20年も前には営業職などは真夏でも「スーツにネクタイ」が当然でした。時代とともに適切な服装の規範も変化するのです。

集団ごとに適切な服装の規範は異なる

「みんながそう思ってる」から
私たちは従う

集団規範とは、明示的なものも含みますが、多くは暗黙のルールです。**「みんながそう思ってる」というのが根拠であり、法や規定にもとづくようなものとも限りません。**しかし、法や規定以上に私たちの行動を縛ることがあります。

集団規範には、次のような特徴があります。

1 集団メンバーは同じ基準を全体で共有している

例：職場ではスーツにネクタイが当たり前

2 規範に従うとメンバーから承認され、規範から逸脱するとメンバーから非難される

例：「スーツにネクタイ」で仕事をする分にはよいが、「Tシャツと短パン」では白い目で見られ叱られる

3 メンバーからの承認を求め、非難をされないために、みんな規範に従おうとする

例：好きでなくとも、みんなが普通だと思っている「スーツにネクタイ」を着ようとする

ここで紹介したのは服装や遅刻などのごく一例です。**実際には職場の規範は、ふだん意識されないものまで非常に多くのものが存在します。**
　集団が持つ暗黙の規範はよく「氷山の一角」として例えられます。**目に見える決まり**（職務内容、職階級制度など）**は目に見える氷山の一角にすぎません。**
　その水面下には、見える部分の何十倍もの大きさの氷の塊があります。これがメンバーの誰もが気づかないうちに縛られている、膨大な量の暗黙のルールとして機能しているのです。

[図4-1]

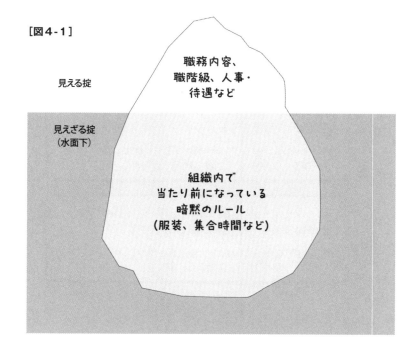

多数派の「みんな」に私たちは従ってしまう
同調実験より

　そこに規範があれば、人はその規範に従います。
　要するに、「みんながそう行動している・そう思っている」という事象に対して、私たち人間は追随する傾向があるのです。

　この「規範に従う」という現象を理解するために、まずは社会心理学者のアッシュが行った多数派への同調実験を紹介します。※49

> 　この実験は、図4-2（次ページ）の左上のような画像をテロップで実験参加者に見てもらい、これと同じ長さの線を1、2、3から選択するという課題です。
> 　見ていただくと分かるように、とても簡単な課題であり、1人で答えるときにはほとんど間違えません。
>
> 　この実験ではこれを集団で行います。同時に複数の人がいる集団場面で左端の人から順に回答してもらいました。
> 　実は、ここで集まった参加者は、1人をのぞいた全員が事前に仕込まれたサクラでした。サクラは、全員がわざと間違った答え「2」を選択します。

※49　Asch（1956）

集団の空気に縛られる私たち

さて、1人だけいる本当の参加者は、他の人（サクラ）による間違った回答を聞いた後に回答します。
　この人はどのように回答したのでしょうか？

　なんと、まわりの人の間違った回答に同調して「2」と回答をする人が多く見られました。

　元の実験では、18回中12回でサクラが揃って間違えた回答をしましたが、そのうち平均4.41回(36.8%)が多数派につられた間違った

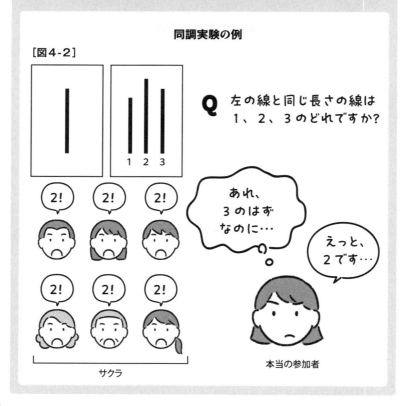

回答をしました。

そして、参加者123名中1回も間違えなかったのは29名でした。つまり76.4%にあたる残り94名が、12回中少なくとも1回はつられて誤答をしていました。

1人だとまず間違えない課題です。しかし、これだけ多くの人が周りの多数派に合わせて同調してしまうのです。

どんなときに同調は強くなるのか

文化や年齢、性別などによる違いは見られるものの、こうした同調の効果は繰り返し示されてきました。[50]

同調を強める要因を、いくつかご紹介しましょう。

斉一性　同調の重要な要因は、集団全体がみんな同じ一枚岩であることです[51]。斉一性は54ページでも出てきました。全員が一致して同じ意見を言っているときには、より同調が強まります。誰も反対していない場面で、自分1人だけが手をあげて違う意見を言うのは、難しいのです。

集団サイズ　一般に集団が大きいほど、つまり人数が多いほど、同調はより起こりやすくなります[52]。ただし、同調は3人の集団でも十

---

[50] Bond (2005);Bond & Smith (1996)　　[52] Mann (1977)
[51] Asch (1955)

分に生じることも示されています※53。つまり、3人という小さい集団でも、集団というものができただけで十分に同調は起きるし、**人数が大きいほど、さらにその影響は高まっていきます。**

集団からの受容

自分が集団から受け入れてもらうことが重要となる場面では、自分を集団に受け入れてもらおうとして、同調が強くなります。

たとえば、

・後からメンバーどうしで交流することが知らされるとき※54
・集団メンバーが自分と同じ心理学専攻の学生から成る
　身内だと知らされ、さらに彼らから見られているとき※55

といったときなどに、同調はより強くなります。

※53　Asch (1955)
※54　Lewis, Langan, & Hollander (1972)
※55　Abrams et al. (1990)

人はなぜ規範に同調するのか？

アッシュ型実験で見られる同調の主な原因は、**集団に所属していたい、まわりの人から嫌われたくない**と思うことです。

人は、集団から爪弾きにされることなく、集団に受け入れられていたいと思います。そのため、自分1人だけ逸脱者にならないように、まわりの人に合わせる行動をとるのです。

先ほどのアッシュの実験では、他の人の前で自分の回答を発表するという形でした。つまり、回答を他の人に聞かれている状況でした。

じつは、多数派の間違った回答は知らされるものの、自分の回答自体は誰にも見られず個人的に手元のボタンを押すだけという場面では、通常のアッシュ型の場面と比べて、同調が低いことが示されました[56]。**逆に言うと、人は他人に見られているからこそ、間違った他者に同調をするとも言えるのです。**

同じ実験で、全員正解すると演劇のペアチケットという報酬がもらえるという場面では、同調が高くなりました[57]。これは、自分1人が違う回答をして報酬を失えば、まわりの人から拒絶されるかもしれないと思ったからだと解釈されます。

また、fMRIを用いて、同調場面での脳活動を調べた研究があります[58]。この実験では、2つの図形を回転させたときに、複数人で同

※56 Deutsch & Gerard (1955)
※57 Deutsch & Gerard (1955)
※58 Berns et al. (2005)

集団の空気に縛られる私たち **103**

じかどうかを回答する課題 (メンタルローテーション課題) を順に回答してもらいます。

このときに、同調しなかった場合 (つまり人と違う回答をしたとき) の脳活動を調べたところ、扁桃体という、感情と関連する深い脳部位の活動が強く見られていました。

言い換えると、集団に抗って 1 人だけ違うことを述べるのは心理的に苦痛を伴うということです。同調するのは人から悪く思われる不安を回避するためだと言えます。

少し補足します。

実は、同調には「規範的影響としての同調」と「情報的影響としての同調」の 2 種類があります。ここまで説明してきたのは前者のみです。「メンバーから嫌われたくないから」というのが規範的影響です。

もう 1 つの「情報的影響」とは「正確な情報を得て正しい判断を行いたい」ときに、同調して周りの人と同じ判断をすることです。これは特に、自分の判断や行動が正しいか確認ができない状況で起きやすいものです。

ここでは情報的影響の詳細についてはこれ以上説明しませんが、こういった場合もあることにも留意してください。この 2 種類の同調は「集団極性化」(108 ページ) のところで、改めて説明します。

規範は内面化する

　集団規範というのは、もともとは自分の外にあるものです。
　特に集団に参加したばかりの最初の段階では、個人が元々持っている価値観と集団規範とが一致しないということはよくあります。
　そうであるがために、最初はまだ納得できずとも、「皆やってることだから」という理由でその集団規範に従うことが一般的です。

　しかし、その集団での生活が続くうちに、その集団の価値観がだんだんと自分自身のものとして内面化していきます。つまり、もともと自分にはなかった集団の価値観やルールを自分自身のものとして取り込んでいくのです。これは、ことわざでいう**「朱に交われば赤くなる」**という現象です。

　たとえば、ある会社の新入社員が「こんなに早く来て、みんなで掃除して、朝から１人一言あいさつするのか。面倒だなあ」と入社すぐには感じていたとします。
　しかし、３年も経つと「早く来て、しっかり掃除するのはあたりまえ。そういう会社の決まり事はしっかりと守らないと。不満ばかり口にして、最近の若者はほんと甘っちょろい」などとしたり顔で我が社のあり方を後輩に語るようになったりするものです。

　このような現象は、会社だけじゃなく、部活や趣味サークルでも見られるものです。
　集団の価値観を身につけ、所属集団の色に染まっていく過程それ

自体は悪いことでもなく、組織の一員として成長してきた証でもあります。

集団の「悪い」規範も
知らず知らず取り込んでいく

　　組織の色に染まる過程は、非行集団やヤクザ、カルト集団、テロ組織といった集団でも同様に見られるものです。※59

　　ただし、過程は似ていますが、そこで規範として存在する価値観の内容は大きく異なっています。彼らの規範は「お金を得るためには殺人や暴力も容認される」などの反社会的なものです。

　　こうした反社会的規範もメンバーが内面化していき、一般社会とは異なる、暴力や犯罪を容認する価値観を身につけていくのです。

　　つまり、**集団の価値観が社会通念上良いものでも悪いものでも、その集団で長い年月所属し過ごしているうちに、私たちはその集団の色に染まっていくのです。**

　　この点は、押さえておかないといけないでしょう。

　　カルト集団やテロ組織だと極端な例に聞こえるかもしれませんが、いわゆる「ブラック企業」でも同様のことが起こり得ます。

　　問題ある行為があたりまえとなってしまったブラック企業であれば、一般社会では受け入れがたいような反社会的な規範を知らず知らずのうちに内面化してしまうかもしれません。

※59　Gill (2012); 西田 (1995); Becker (2021); Bouzar (2015, 翻訳 2017)

たとえば、2023年には大手中古車販売会社による保険金の不正な水増し請求事件が発覚しました。それをきっかけに、社内でのパワハラや店舗周辺の街路樹を枯らす行為などの、社内外を問わず多くの問題行為が一挙に報道されました。

こうした組織では**違法行為さえも「いつもやってるあたりまえのこと」だと捉えるようになり、集団の外にある一般的な社会通念に関する感覚が麻痺してしまうのです。**

社会心理学の研究では、**むしろ普通ならやらないような活動をするほど、その集団への魅力が増していき、その価値観を内面化していくという知見もあります**[60]。なぜならば、「こんな普通ならやらないことをわざわざするなんて、自分がこの会社が大好きだからだ。自分がこれをすることは必要なことなんだ」と自分自身の認識を改め、正当化を行うからです（認知的不協和の解消）。

まとめると、こうした集団規範を自分のものとして取り込むことは、組織の一員として適応していくために、誰しもがあたりまえに経験する過程です。

ただし、同時にその規範はあくまでもその会社に固有のものでしかありません。まさに「**我が社の常識は世間の非常識**」なのです。

会社が持つ価値観が、社会全体でも問題なく許容される範囲であるのかについては常に自覚しておくことが必要となるでしょう。私たちは、自分が所属する組織の規範を容易にあたりまえだと思ってしまいます。だから、ときにそれを客観的に見つめ直すことが必要なのです。

※60 Aronson & Mills (1959)

意見が極端に転がるとき
——集団極性化

　集団で話し合いを進めるときに、集団全体の意見がだんだんと極端になっていくことがあります。**これは集団極性化と呼ばれる現象です**。集団での話し合いによって、メンバーがもともと持つ平均的な態度よりも、話し合いが終わったときに、より極論に傾いてしまいます。

　集団極性化で、極端になる方向性は、集団メンバーのもともとの偏り方次第です。

　虎穴に入らずば虎子を得ずとばかりにハイリスク・ハイリターンを好むメンバーが集まった集団であれば、話し合いによって、さらにリスクを取る方向での結論が出ることでしょう。
　一方で、石橋を叩いて渡る慎重なメンバーが集まった集団では、話し合いの結果、さらに慎重となり、石橋をいくら叩いても渡らないような結論に至るかもしれません。

　どの方向であれ、もともとの集団の持つ偏りが、話し合いの過程でより一層極端な形に発展していくのです。

[図4-3]

集団極性化

集団の話し合いによって、
個人の意見がより極端な形となって集団で決定される

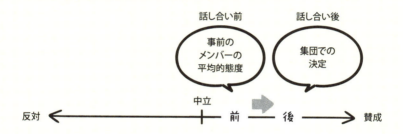

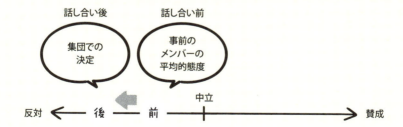

上のマンガは、とあるミーティング場面です。

話し合われていく中で、最初はあいまいなところから、集団全体が案①への賛成にだんだんと傾いていく様子が見えるでしょうか。

これは集団極性化が生じている典型的な場面です。実は、この過程でも、同調が重要な役割を担っています。先に同調には、情報的影響と規範的影響の2つの要素があると説明しました（104ページ）。集団極性化のプロセスでも同様にこの2つから説明されます[61]。

---
[61] Baron, Kerr, & Miller (1992); Isenberg (1986); Sieber, & Ziegler (2019)

			第 1 部			第 2 部			第 3 部	
1	2	3	**4**	5	6	7	8	9	10	11

このミーティング場面を例に、この2つを見ていきましょう。

1 相互に確証し合う中で意見が強化される（情報的影響）

1つ目は、情報的影響の観点から見てみましょう。情報的影響とは、意見に関する情報を多く受け取ることで、情報を正しいと考えるようになり、その方向へと意見が傾いていくことです。

Ａさんがまず案①を提案し、ＢさんやＣさんもそれに賛成意見を述べていく中で、徐々に集団全体での案①への賛成度合いが高まっていきます。

最初は自信がなかったＡさんとＢさんも、お互いの賛成意見を聞く中で、自分たちの意見の正しさに対する確かさを強めていきます。当初は、「案①の方が良いかもしれない」とあいまいに考えていたとしても、「案①しかない」「間違いない」という確信へとだんだん変わっていくのです。

このように、メンバー同士が互いの意見を確認しあう中で、どんどんと意見の確信度が強くなり、集団全体の意見がより極端になっていくのです。

2 多数派の意見が規範となる（規範的影響）

もう1つ、規範的影響の観点から見てみましょう。規範的影響とは、先ほどのアッシュの線の長さを答える実験のように、集団が持つ暗黙の「空気」に合わせた行動を取ることです。こうなると、逆に自分1人だけ違う行動が取りにくくなります。

話し合いを始めてすぐにふたりが案①を推しました。これによって、

集団の空気に縛られる私たち **111**

この集団では「案①が正しい」という方向での規範が形成されます。

改めて話し合いを見てみましょう。

マンガの例のＣさんは本当に案①派だったのでしょうか？

Ｃさんは元々は案②の方を推すつもりだったところが、Ａさん、Ｂさんが先に案①の支持を表明したために、意見を言いにくくなってしまったのかもしれません。そのあたりが「私は案②も捨てがたいのですが……」という逡巡した言葉、さらにはその後会話に加わらなくなったところに現れているのかもしれません。

こうして、元々は「案②」派だったＣさんは自分が少数派であることに気づき、意見を述べることを控えることで、集団全体としては案①の支持がさらに強まっていくのです。

さらに、もともと態度を決めかねていた人が、多数派は案①支持だと気づいた結果、勝ち馬に乗るべく、案①の良さをことさらに主張しだすこともあるでしょう（社会的比較と言います）。

こういった２つの過程を経て、集団の意見は多数派がより強まる形で転がり始めるのです。

日本人は本当に
同調しやすいのか？

「日本人は同調しやすい」という印象を多くの方々が持っているかもしれません。

　しかし、**研究の結果を踏まえると、そうとは限らない**ことが示されてきました。

　海外と日本の文化間比較を行った心理学の研究では、賛否両論の結果が示されてきました。「日本人＝同調しやすい」とは一概に結論づけるのは困難です。

　たとえば、先に紹介した線の長さを答える形での同調を調べる実験では、日本とアメリカの同調率には差がないという結果が得られています。※62

　一方で、規範からの逸脱を許さない度合い（タイトネス）を国際比較した調査では、日本は33カ国中8番目と高い順位だったりします※63。日本の集団主義の特徴は、他者から嫌われるのを回避しようとする傾向だ※64という指摘もあり、これは規範を意識することにもつながっています。

　このように規範や同調に関する比較文化研究のごく一例をあげましたが、研究ごとに主張が異なることも多いものです。**これだけ意見が割れる議論ですので、**この本で深入りはしません。

　むしろ大事なのは、**規範への同調は、日本を含めて、世界中で普遍的な現象である**という点です。同調は、世界中いつでもどこでも生じる

※62　Takano & Sogon (2008)
※63　Gelfand et al. (2011)
※64　Hashimoto & Yamagishi (2013)

ものだと理解することが重要です。

そもそも先に紹介したアッシュの同調実験も、もともとは個人主義社会だと言われるアメリカで行われたものです。2章のスペースシャトルの事故などの集団浅慮で生じる同調追求の事例もアメリカのものでした。これは、個人主義が強調されるアメリカでも、同調は頻繁に生じることを意味しています。

したがって、同調に関して「そりゃ日本人だからね」と言いながら、**単純に日本人の「国民性」や「文化的特徴」だけで解釈してしまうのは、思考停止につながり、問題の本質を見過ごしてしまいます。**

どこの国や文化においても、人間は規範に同調しやすいものだということを念頭において、組織づくりや社会づくりを考えていくことが重要です。

「みんな」で「みんな」を勘違い ── 多元的無知

この章の最後に、多元的無知という現象を紹介しましょう。小難しく聞こえる言葉ですが、規範の性質を理解するために、非常に重要で興味深い現象ですので、ぜひ理解していただきたいと思います。

私たち人間は、常に「他の人はみんな〇〇だろうなあ」と他者の考えを推測します。

しかし、この「他の人はみんな〇〇だろう」という推測が、現実とは異なることがあります。 メンバーみんながこの誤解を元に行動すると、誰も本当は望まない方向に集団全体が進むことが起きます。

これが多元的無知という現象です。

たとえば、友達同士で計画していた旅行の当日が、残念ながら豪雨だったとします。そのとき、あなたは「この大雨の中、観光もできないから、延期したい」と思いました。一方で同時に「他のみんなは楽しみにしてたから、きっと行きたいんだろうなあ」とも思いました。

ここで、ズレが起きています。

| 私個人 | → | 中止にしたい |
| (私から見た) 集団の他のメンバー | → | 行きたい (と推測) |

集団の空気に縛られる私たち　**115**

さて、もしこれをメンバー4人全員が同じように思っていたなら、一体なにが起こるでしょうか。

「私は行きたくない、けど友達は行きたいんだろうなあ。仕方ない、みんなに合わせて行こう」
みんながこう考えて、結局旅行が決行されます。

重要なのは、自分が推測をした友達の意見が実際とはズレていることです。本当は誰も行きたくないのです。けれど誤った推測に基づいて全員が望まない行動を取っているのです。こうして、まわりの人の意向を全員が読みそこねた結果、「豪雨の中旅行に行く」という本来は誰も望まない意思決定がなされてしまいました。

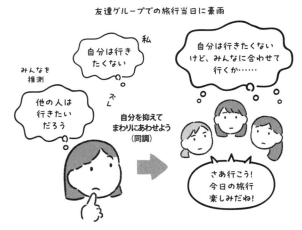

みんなの勘違いによって、個人としては誰も望まないことを、集団全体が行ってしまうことがある

みんな本心は反対なのに、みんなで賛成の拍手をする

　さて、この勘違いしてしまった推測に同調することによって起こる多元的無知は、集団規範をメンバーが敏感に感じ取ることで職場集団がある方向に転がっていく現象を理解する上でとても大事となります。

　たとえば、会社の会議で「自分はその計画に反対だが、参加者全員が拍手している」という場面を考えてみましょう。あなたは「まわりの人はみんな賛成だろう」と推測し、自分だけ反対意見を言っても仕方ないかと思い、拍手に加わりました。けれど、実はそう考えているのが自分だけではなく、会議に参加した全員だったらどうでしょう？

「まわりはみんな賛成だろう」と勘違いしてしまい、その（誤解した）賛成意見に同調する

「個人的には反対だけど、賛成しているように思えた（実は勘違い）まわりの人に同調して賛成意見を表明する」というのを全員がやっていたのです。そうすると、「**全員が内心は反対しているにもかかわらず、集団では満場一致で賛成の拍手が鳴り響く**」なんていう奇妙な事態が起きてしまうのです。これは多少極端な例かもしれません。ただ、組織の中で似たような現象は意外に頻繁に起きていることもあるでしょう。
　集団が悪い方向に転がりだしたのに、誰もそれを悪いと思わず、責任も取ろうとしないのです。

あなただけが
「違う意見」とは限らない

　多元的無知の考え方は、私たちが素朴に推測している「他人の考え」が、実は勘違いかもしれない可能性を浮き彫りにするものです。

・あなたが見ているまわりの人の姿は本心とは限らない
・みんなは自分とは違う意見だと思っていたら、実はみんなも自分と同じ意見を持っていた

　ということもあることを意識しておくと良いでしょう。
　多元的無知の研究が示す「勘違い」な結果を羅列します。

> ・アメリカの大学生は、個人としてはそれほどお酒が好きでもない。
>   けど、まわりの人はみんなお酒が好きだと思いこんでいる[65]
> ・アメリカ南部の白人男性は、自分は「タフな男らしさ」をさほど大事だと思っていない。けど、まわりの白人男性は「タフな男らしさ」を重視していると思っている[66]
> ・日本人は、自分は「独立的な人を好き」で自分もそうなりたい。
>   けど、まわりの人は「協調的な人を好き」だと思いこんでいる[67]
> ・日本の男性の育休取得は、自分は「いいと思う」。
>   けど、まわりは「いいと思わないだろう」と思いがち[68]

※65　Prentice & Miller (1993)
※66　Vandello, Cohen, & Ransom (2008)
※67　橋本 (2011)
※68　Miyajima & Yamaguchi (2017)

118

これらはすべて「世の中」を適切に捉え損ねている多元的無知が生じたことを示しています。このような多元的無知による誤解があると、その勘違いした他者の意見に同調しようとして、

- まわりに合わせて、お酒を過剰に飲む
- 弱虫に見られないように、
  虚勢を張ってタフな男らしさをアピールする
- 協調的な人が好かれるだろうと、過剰に協調的に振る舞う
- 否定的な評価を恐れて、男性社員が育休を申請しない

といった個人的には誰も望まない行動を集団みんなで行うということにつながるかもしれないのです。

コロナ禍の影響で多くのイベントが中止になったことにより、人々は慣例的に行われていたイベントの本当の意義を見つめ直すようになりました。「休日も潰れるし、イベントがなくなってホッとした」なんて声を、イベント企画を担い負担が大きかった若手だけでなく、イベント好きそうな社交的な上司から聞くことさえあります。

結局のところ、ほとんどの人が望んでいないイベントも多かったのかもしれません。

多元的無知を克服するには

では、多元的無知を克服するにはどうすればいいでしょうか。

まずは、多元的無知という現象の存在を知ることです。これによって、自分が勘違いをしている可能性に気づき、適切な行動を選択すること

ができます。

　実際に、お酒の飲み過ぎに多元的無知（まわりはお酒が好きだろうという勘違い）の面があることを議論し、知識を深めることで、実際に数カ月後の飲酒量が下がったという研究があります※69 。多元的無知に関する知識を持ち、身近でも多元的無知が生じることがあることを知るだけで、多元的無知のワナに陥らずにすむのです。

　それとともに、「王様は裸だと叫ぶ子ども」も組織には必要でしょう。表面的には黙従する人だらけなことで生じるのが多元的無知です。

空気を読まない「子ども」が口火を切ってくれることで、状況を打ち破ることが期待できます。

　そもそも異論を言うことが普段から良いことだと見なされる集団であれば、「自分はちょっと違う意見なんですけど」って言い出しやすいですよね。
　異論を述べることを歓迎する集団であれば、「実は自分も」「いやあ、私もそうなんですよ」とドミノ倒しのように自分の意見を述べる人が出てきて、集団が多元的無知の幻想に陥っていたことに気づくことができます。

　そうした意味でも、心理的安全性が確保された異論を言える集団であることの重要性が改めて指摘できるでしょう。

※69　Schroeder, & Prentice (1998)

5章

集団では まじめなあの人も ついサボる

社会的手抜き

集団だから
サボっちゃう

「サボる」という日本語、もともとはフランス語のサボタージュから来た言葉ですが、すでに日常的な言葉として根づいています。

私もあなたも、職場の誰かも、みんな常に全力投球で働いているわけではありません。ついついサボってしまいます。

しかし、これは集団研究の観点からすると、単なる個人の性格や意志の弱さの問題だけではありません。**集団の中で働く際に生じやすいものなのです。**

もちろん「だから良い」というものではなく、「集団はサボリが生じやすい」というのを出発点として、**「サボリが生じやすい集団の中で高いモチベーションをどう維持するか」**というのを考えていくことが必要になります。

これを本章では、**「社会的手抜き」**という現象から考えていきます。集団では、集団の人手を増やすほどに、１人増やすことで得られるはずのプラスの効果が、なぜか目減りしていくことが起きます。なぜそんなことが起きるのか、そしてどうすればそれを防げるのか、見ていきましょう。

メンバー全員を足した力より
低い力しか発揮できない「社会的手抜き」

　社会的手抜きは、集団で力を合わせて課題を行うときに、そのメンバー個人の合算よりも低い力しか発揮されないという現象です。

　この現象は、各メンバーの成果を合算した結果が集団の成果となるような仕事（加算的課題と言います）で顕著に見られます。典型的なのは**綱引き**です。みんなで力を合わせて 1 つの綱を引っ張るという点で、一人ひとりの力の足し算がそのまま集団全体の成果となる典型的な課題です。

　社会的手抜きの存在を示した最初の実験は、1880 年代にフランスの農業技術者のリンゲルマンによって行われました[70]。

　この実験では集団の人数を何回かに分けて変え、綱引きの課題を行いました。また、1 人あたりの力も測定しました。

　当然ですが、人数が増えるほど集団全体の力は強くなります。

　しかし、ここで重要なのは、1 人あたりの力です。仮に、本気で綱を引くと、1 人あたり 50kg の力が出せるとしましょう。

　1 人を 100% としたときに 2 人集団だと 93% の力になりました。つまり、理論上は 50kg × 2 ＝100kg の力が出るはずなのに、93kg の力しか出せなかったという結果となっていました。2 人の段階で少し目減りしてしまいました。

　さらに人数が増えるほど、この傾向はより顕著になります。3 人では 85%、4 人では 77% と集団サイズが増えるごとに、どんどんと 1 人あた

---

[70]　Kravitz & Martin (1986)

リの力が下がっていきます。

　最終的に、8人の集団では1人あたりの力が49%まで減少してしまいました。理論上は、400kg（50kg×8人）の力が出るはずが、実際には200kg弱しか力が発揮できなかったのです。

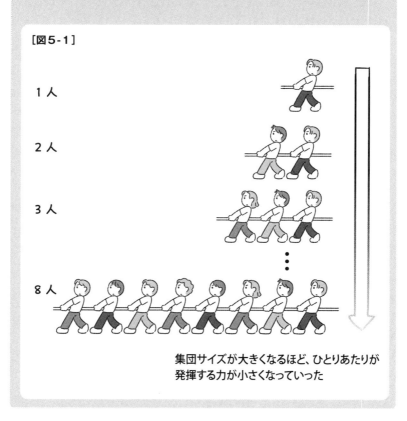

[図5-1]

1人

2人

3人

8人

集団サイズが大きくなるほど、ひとりあたりが発揮する力が小さくなっていった

さまざまな場面で見られる社会的手抜き

こうした社会的手抜きは、綱引きに限らず、さまざまな集団活動で見られます。

身体を動かす種類の課題（大声を出す、ロープを引く、泳ぐなど）はもちろん、**頭を使う種類の課題**（アイデアをたくさん生み出す、小論文の評価を行う、迷路を解くなど）**でも、同様に社会的手抜きは発生することが知られています。**※71

たとえば、社会心理学者のラタネたちは、大声を出す、もしくは、大きな音で拍手するという課題を用いて、集団サイズを1人、2人、4人、6人と変えて実験を行いました。※72

その結果、集団サイズが大きくなるほど、1人あたりの出す音が小さくなることが分かりました。先に紹介した綱引きの実験と同様に、6人の集団の場合には大声や拍手の大きさは1人のときの半分程度となってしまいました。

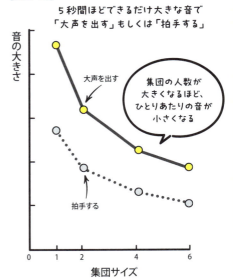

[図5-2]

出典：Latané Williams, & Harkins(1979)

※71　Karau & Williams (1993)　　※72　Latané, Williams, & Harkins (1979)

集団ではまじめなあの人もついサボる　　**125**

また、創造性を必要とするアイデア創出課題においても、同様です。
3章にて、ブレイン・ストーミングを行う際には、集団サイズが大き
いほど、効果が低下することを説明しました（86ページ）。ここで起き
たことも、この章で紹介する社会的手抜きの一例だと言えます。

　このように、集団でやるだけで、残念ながら1人あたりの力は**目
減り**してしまうのです。なんてことでしょう。

集団で100%の力を発揮することが
難しい理由

　では、この社会的手抜き、なぜ生じるのでしょうか？
　その背景には、主に2つの原因が指摘されています。[73]

集団になると手抜きが起こる理由 **1**	モチベーションの低下

　1つ目は、モチベーションの低下です。

　「他のメンバーが頑張ってるから、もう任せてしまおう。自分ひとり
くらい手を抜いても大丈夫だろう」という心理状態になるのです。
　**しかし、自分ひとりだけがそう考えているわけではありません。他のメ
ンバーも同じくそう考えています。**
　結果として全員が手を抜いてしまうため、集団全体の生産性が大
きく低下します。

　特に、**集団のサイズが大きいとき、もしくは自分がどれだけ集団に貢
献しているのか不明瞭なとき、あるいは全体に対して自分の貢献が小さ**

く感じるときには、モチベーションの低下が起きやすくなります。

　大規模なプロジェクトでは、個々の仕事の貢献がまわりからも自分自身からも見えにくいため、メンバーは自分の仕事の重要性を低く見積もり、やる気を失ってしまいがちです。

集団になると手抜きが起こる理由 2　協調の難しさ

　もう1つは協調の難しさです。
　いわば連携やチームワークの問題です。

　綱引きの例では、集団でタイミングをぴったり合わせる必要があります。理想的には全員が同じ瞬間に最大の力（たとえば50kg）を発揮する必要がありますが、実際にはそれは完璧な連携が取れないと難しいため、多少のタイミングのずれが生じます。
　45kgの力の瞬間しかタイミングが合わないならば、理論上は100kgの力が出るはずのところが、実際には2人で90kg程度にしかならないのです。**人数が増えるほど、連携は困難になり、目減り幅は大きくなります。**

　この問題は綱引きに限らず、他の集団活動でも同様です。
　チームメンバーがそれぞれのタスクや役割をはっきりと理解しておらず、的確に協調できていない場合には、努力がむだになったり、作業も重複したりなどしてしまい、全体の効率が低下すると考えられます。
　職場の場面で調べた研究でも、集団サイズが大きいほど、**特に人間関係がうまく結べず、助け合える関係が構築できないことが、個人のパフォーマンスを下げてしまうことが指摘されています。**[※74]

※73 Ingham et al. (1974)　　　　※74 Mueller (2012)

したがって、集団で課題に取り組む際には、効率的な連携やチームワークが必要になります。それがうまく機能しない場合には、1人あたりの成果が目減りしてしまい、集団全体のパフォーマンスは低下してしまうのです。

ダブルチェックも効果的とは限らない

　社会的手抜きが生じることで、「ダブルチェック」が実は効果的とは限らないことが示されています。

　一般的に、精度を高めるために複数人でミスをチェックするのが多重チェックの目的です。特に2人で行う場合の「ダブルチェック」がよく使われる手法でしょうか。

単純計算で考えると、人数が増えるほど多くのミスが見つけられるだろうと思いますよね。

しかし、ダブルチェックの効果を調べた実験研究は、意外な結果を示しています。

この研究では、実験参加者に封筒に印刷された情報（住所、氏名、郵便番号）が正確かどうかチェックする作業を行ってもらいました[※75]。 実際には、わざと印刷ミスがあるものが含まれています。「1人」から「5人」それぞれの集団サイズごとに、ミスをどのくらい発見できるかを検証しました。

実験の結果は驚くべきことに、2人によるチェックが最も効果的であり、3人以上のチェックでは2人のときよりもかえって精度が低下するという結果となりました。3人、4人、5人でのチェックは、1人のときとほとんど同じくらいの精度しかありませんでした。

この研究結果は、多人数によるチェックや作業が、必ずしも全体の効率を向上させるとは限らないことを示しています。

もちろんこれは1つの実験結果なので、2人が一番良いという単純

※75　島倉・田中（2003）

集団ではまじめなあの人もついサボる

129

なことを言いたいわけではありません。**重要なのは、2重、3重、4重と人を増やすとミスがなくなるという単純なものではないということです。**

　誤字のチェックを行う同様の実験でも、1人でチェックした場合よりも、3重チェックの1人だと言われたときの方が誤字を発見する数が低くなるという結果が得られています。[76]

　この背後にはまさに社会的手抜きの心理が隠れています。
　私たちは集団でチェック作業するときに、こう思うのです。

1人目	自分が見過ごしても、後の人が見つけてくれるだろう
2人目	すでに1人がチェックを終えてるし、 まだ何人もチェックしてくれるから大丈夫だろう
3人目	他の人がチェックしてくれるだろう
4人目	他の人がチェックしてくれるだろう
5人目	すでに4人もチェックしたんだし、もうミスは残ってないだろう

このように、人が多くなるほど、個々人の責任感は拡散してしまい、他人にお任せモードになってしまうのです。
　したがって、職場でチェックシステムを設計する際には、単純に人数を増やすのではなく、作業の性質や状況を考慮した上で、最適な人数を見極める必要があります。

※76　重森（2012）

| | 第 1 部 | | 第 2 部 | | 第 3 部 |

| 1 | 2 | 3 | 4 | 5 | 6 | 7 | 8 | 9 | 10 | 11 |

集団でこそモチベーションが高まるときもある
——「自分がやらねば誰がやる?」

　それでは、反対に集団状況でモチベーションは高まらないのでしょうか?

　もちろん高まるときもあります。

　それは、「自分こそが努力せねば」と感じたときです。

　集団状況で社会的手抜きが生じるのは、自分個人の貢献がチームにとって必要ではないと感じたときです。最近のメタ分析研究でも、チーム状況で個人が努力する量に最も関連する要因は、自分の貢献がチームに必要だという認識でした。[※77]

　これを言い換えると、**自分の貢献が不要だと思えば、集団状況でモチベーションは低下します。逆に、自分の貢献が必要不可欠だと思えば、集団状況でモチベーションは向上します。**したがって、自分の貢献が不可欠だと感じさせることがカギとなります。

　合言葉は「**自分がやらねば誰がやる?**」です。

　ここでは、自分の貢献の必要性を感じることがパフォーマンスを高めるという、2つの研究群を紹介しましょう。

※77　Torka, Mazei,& Hüffmeier (2021)

> 集団でも
> モチベーションが
> 高まるとき **仲間があてにならないとき**
> 社会的補填

「自分こそがやらねば」と思うことがパフォーマンスを高める場面として、「社会的補填(ほてん)」という現象を紹介します。

　一緒に協働する他者が低いパフォーマンスしかあげられない人だったときには、社会的手抜きとは逆に、1人で行うときよりもパフォーマンスを上げることがあります。これが社会的補填と呼ばれる現象です。

　　ある実験[※78]では、ナイフの用途をペアでできるだけたくさん考えるというブレイン・ストーミング課題を行ってもらいました。

　　このとき、パートナーが意欲や能力が低いことが示される場面では、一人ひとりばらばらで作業するときよりも共同作業のときに多くのアイデアを生み出していました。つまり、社会的手抜きとは逆に、集団でこそ高いパフォーマンスをあげていたのです。

　この背後には、パートナーが高い成果をあげてくれないことが見込まれる場面では、**むしろ自分こそがやらねばと思い**、単独のときよりもより一層努力するようにしたのだと言えます。

※78　Williams & Karau (1991)

集団でもモチベーションが高まるとき ②

競泳リレー
メダルがかかると高い力を発揮するアンカー

「自分がやらねば」感が強い現実場面での研究には、競泳リレーのパフォーマンスに関するものがあります[79]。この研究では、競泳大会の成績を元に個人タイムとリレーでのタイムの差分の値を算出し、1人のときよりも集団状況でのパフォーマンスが上がるか下がるかを調べました。

2008年のオリンピックのデータを分析した結果、**リレーで泳ぐ順番が後ろになるほど、個人のときよりも集団時のパフォーマンスの向上度が大きくなっていました**[80]。

さらに、1972〜2009年の世界中の競泳大会での30万以上のデータを分析したものもあります。その結果、特に最終順位が1位から4位となったメダルを獲得するチャンスが高い場面では、リレーのアンカー泳者はパフォーマンスを大幅に高めていました[81]。

つまり、リレーのアンカーである自分の泳ぎがチームのメダル獲得にかかっている場面では、**単独のときよりも高いパフォーマンスを発揮していた**のです。

一方で、こうしたことは常に起きるわけではありません。

メダルのチャンスが低いとき（最終順位が5位以下）には、反対に第2泳者以降でパフォーマンスが下がっていました。

つまり集団での社会的手抜きがやはり発生していたのです。

※79　Hüffmeier et al. (2022)
※80　Hüffmeier and Hertel (2011)
※81　Hüffmeier et al. (2017, 2022)

集団ではまじめなあの人もついサボる

133

では、社会的手抜きを防ぐにはどうすればいいか？

　以上のように、自分がしっかり貢献しなければならないと認識すると、社会的手抜きは防ぐことができます。さらには、パフォーマンスの向上も目指せます。したがって、社会的手抜きを防ぐにはこうした「自分がやらねば感」を強める方法を考える必要があります。

　ここでは手抜きを抑制するための方法を2つほど紹介しましょう。

> （1）集団と課題へのコミットを強める
> （2）個人成果の見える化を進める

手抜きを抑制するには（1）
集団と課題へのコミットを強める

　「自分がやらねば」という感覚を醸成するためには、集団メンバーが課題と集団へのコミットを強めることが不可欠です。
　つまり、メンバー一人ひとりが、課題や集団を真剣に捉え、重視することが求められます。

1-ⓐ　課題の重要性を高める

　個人が、達成しなければならない課題をどのくらい重視しているか

が社会的手抜きを抑制するカギです。**メタ分析研究でも、課題が本人にとって高い価値を持っているときには、社会的手抜きが生じにくいことが示されています。** ※82

　社会的手抜きの実験では、課題として「綱引き」や「ものの新たな用途を考えるブレスト」などが用いられてきました。しかし、これらの課題は実験参加者にとって特に重要ではありません。真剣に取り組む動機づけが低いのです。しかし、自分にとって重要な課題であれば、「がんばらなければ」という意識が働きます。

　NHKの「大心理学実験」という番組では、綱引きを使って社会的手抜きをデモンストレーションしていました。
　その1つとして、「綱引き連盟」に属するメンバーが参加した実験では、1人、3人、4人と集団サイズが増えても、1人あたりの力は下がりませんでした。
　これは、普段から綱引きに慣れているだけではないでしょう。綱引き連盟のメンバーにとっては、一般の人よりも綱引き自体が重要な活動です。だから、集団でも真剣に取り組み、手抜きが生じなかったのだと解釈できるでしょう。

　つまり、集団で行う課題に関しては、本人にとって意義深い課題を設定し、その重要性を強調することが重要となります。

1-b　目標を設定する

目標の設定もまた、課題への関心を高める上で重要です。

※82　Karau & Williams (1993)

個人のモチベーションを説明する最重要理論に、目標設定理論というものがあります。この理論では、**具体的で挑戦的な目標がパフォーマンスを向上させるとされています。**[83]

　これは個人のみならず、集団でもあてはまります。

　目標を設定することは集団で生じる社会的手抜きを抑制する効果があることが示されています。[84]

　チームワークでも、目標設定は重要なものです。私たちの研究でも、チームワーク行動の1つである「目標を明確化し共有すること」は、チーム成果と明瞭な関連性が示されてきました。[85]

　また、ブレイン・ストーミングの課題でも、目標を設定した集団は、単に「最善を尽くせ」と指示された集団よりも多くのアイデアを生み出すことができていました。[86]

　このように、集団場面での明確な目標設定は重要です。個人の社会的手抜きを防ぐだけでなく、チーム全体の成果も向上させるのです。

1→2　集団の凝集性を高める

　メンバーが自分の属する集団自体を重要なものとみなすことも、欠かせないものです。

　集団の凝集性、すなわち「一丸となって課題に取り組む**集団の結束力**」を強化することは、社会的手抜きを減らす上でも効果的です。

　凝集性は2章の集団浅慮のところでも説明しました。異論を許さないような、いわば負の凝集性は集団に悪影響をもたらします。しかし、集団のまとまりのよさ自体はチームが高い成果をあげるために

※83　Locke & Latham (2002)
※84　Schnake (1991); 小窪 (2021)
※85　縄田他 (2015, 2024)チームワークに関しては6章を参照
※86　Wegge & Haslam (2005)

必要なものです。

　これまでのさまざまな研究で、凝集性が高い集団では社会的手抜きが生じにくいことが示されてきました※87。また、**メタ分析研究でも、自分にとっての集団の評価が高い場合には、社会的手抜きが生じにくいことを示しています。**※88

　目標を設定することと同じく、集団凝集性もまた、チームワークにポジティブな影響を与えます。集団凝集性を高める取り組みは、社会的手抜きのみならず、チーム全体の成果の向上に寄与すると言えるでしょう。

手抜きを抑制するには（2）
一人ひとりの成果を「見える化」し、フィードバックを与える

　社会的手抜きを防ぐためには、個人の成果がきちんと見えるようにすることが重要です。自分自身の成果がどれだけのものかが分かることで、「自分が行動しなければ」という意識が高まります。

　ここまで、社会的手抜きが生じる理由として、個人の成果が自分自身やまわりから見えにくいことで、モチベーションが下がることを説明してきました。

　逆に言うと、一人ひとりの成果が「見える化」されていれば、社会的手抜きは抑制されるのです。

　たとえば、先ほども紹介したとおり、「大声を出す」という集団実験

※87　Karau, & Hart (1998); Karau & Williams (1997); Liden et al. (2004)
※88　Karau & Williams (1993)

では、参加者一人ひとりの声の大きさが不明な状況では、集団サイズが大きくなるほど1人あたりの声の大きさが小さくなっていました。※89

しかし、その後の実験で調べたところ、個々の声の大きさがお互いに分かるようにした実験では、社会的手抜きは発生しませんでした。つまり、集団サイズが大きくなっても、1人あたりのパフォーマンスが低下しませんでした。※90

言い換えると、お互いに個人の貢献度が見えるならば、集団状況でもサボらなくなるのです。

この結果は、個々人の成果を「見える化」し、フィードバックすることの重要性を示しています。**自分の進捗を正確に把握し、それが他のメンバーにも認識されることで、個人のモチベーションは高まり、結果として集団全体のパフォーマンスが向上します。**

これは単に「他人にバレないようにしっかりやろう」と思うためだけではありません。

自分自身の進捗を、自分でしっかり把握することも同じく重要なのです。自分の貢献度が自分でも分からないなら、モチベーションを持続させるのは難しいでしょう。

また、そのためには集団のサイズを大きくしすぎないのも重要です。

集団の人数が多すぎると、社会的手抜きの程度が高まります。

そのため、お互いの顔が見えやすく、互いの貢献も認識しやすい、適切な大きさの集団サイズに留める方がよいでしょう。

※89 Latané, Williams, & Harkins（1979）　　※90 Williams, Harkins, & Latané（1981）

ただし、監視と罰の扱いには注意が必要

「見える化」自体は必要ですし、効果的ですが、**その導入の仕方には少し気をつけなくてはなりません。**

この点は、「見える化」に伴う重要な点なので少し丁寧に補足させてください。

見える化を導入するときの注意点 1 「監視される感」が強まると問題

「見える化」の話を聞いて「個人がサボってないか、しっかり監視すればいいのね!」と思った方もいるかもしれません。

しかし、それはそれで別の問題を引き起こすかもしれません。**「見える化」がメンバーから「監視」だと捉えられてしまうと悪影響が出るためです。**※91

監視することは2つの暗黙のメッセージをメンバーに伝えます。

> 「お前はどうせサボるだろう。お前を信頼していない」(信頼の欠如)
> 「お前の自主性を認めない。上の言うとおりに働け」(自律性の否定)

信頼は、心理的安全性とも関わる概念であり、チームを円滑に機能させるカギとなるものです。**監視によって信頼を低めてしまっては、チームワークを下げてしまいます。**

※91　Mayer, Davis, & Schoorman (1995)

モチベーションを上げるという点からみると、自律性や自己決定は極めて重要です（自己決定理論）※92。**「見える化」が「会社からの監視」だと捉えられ、メンバー個人の自律性、自発性を損ねるものとなってしまっては、モチベーションは低下してしまいます。**（監視の悪影響に関しては、11 章のテレワークでも後述しております。こちらもご覧ください）

したがって、「見える化」を導入する際は、それが単なる監視だとメンバーに捉えられないようなしくみづくりが重要です。

たとえば、見える化を導入するときに、「各メンバーの進捗状況を共有することで、チーム全体の学習と改善に結びつけるためのものだ」という意義を強調して伝えるのはよいやり方でしょう。

監視を導入するときには、メンバーそれぞれが納得した上で、チーム全体が成長するために必要なものであるというポジティブな意義づけを行うことがカギとなります。

見える化を導入するときの注意点 2　罰すること自体を目的としない

もう 1 つ重要なポイントとして、「見える化」での報酬と罰の使い方です。「見える化」したことで、メンバーの手抜きを発見することもあるでしょう。このときの罰の与え方には細心の注意が必要です。

一般に「報酬（アメ）は良い行動を促進し、罰（ムチ）は悪い行動を抑制する」ことが期待できます。しかし、**罰を用いて効果的に社会的手抜きを防ぐことができるかというと、研究知見はそれに否定的です。**※93

※92　Ryan & Deci（2000）　　　　　　　※93　Schnake（1991）；釘原（2013, 2015）

　たとえば、アメリカの営業職448名を対象にした上司からの報酬と罰の効果を調べた調査があります[※94]。この研究では、パフォーマンスと連動した罰、つまりうまくできないときに叱られたり罰せられたりというものに、その効果はほとんど見られませんでした。また、パフォーマンスとは連動しない罰、つまり成果にかかわらず理由なく叱られたり罰が与えられたりする場合には、むしろ社会的手抜きを高めるような関連が確認されました。

　一方で、社会的手抜きの抑制に効果的なのは、パフォーマンスと連動した**報酬、つまりよくできたときにほめるといったことでした。**
　社会的手抜きに限らず、リーダーによる報酬と罰がメンバーにもたらす効果を検証したメタ分析研究でも同様の結果が示されています。よくできたときに報酬を与えることはプラスの効果が示されているのですが、悪い結果に罰を与えることのプラスの効果はゼロか低いレベルでした[※95]。少なくとも「よくできたときの報酬」よりは効果が低そうです。

　以上の研究を踏まえると、社会的手抜きを「罰だけ」に依存するのは問題です。
　これは、職場の社会的手抜きに限らず、職務行動全般もしくは教育場面など一般的にもあてはまることです。
「罰を与えること」一辺倒ではうまくいかないのです。

※94　George（1995）　　　　　　　※95　Podsakoff et al.（2006）

一般に罰を与えたときには、次の問題点がつきまとうとされます。

※96

罰を与える際には、こうした問題があることを踏まえないといけません。
　もちろん職場の公正感を維持するためにも、あまりに露骨で自己中心的な手抜きに対しては罰を与えることも必要かもしれません。罰には**組織の公正さを保つ機能があります**。

※96　吉野（2018）を参考に職場に合致する内容に変更

しかし、使い方には十分に注意しないといけません。

「悪いやつはどんどん厳しく処罰すればいい」といった勇ましい声を聞くこともありますが、**たいていは発言者の攻撃性や不寛容さの現れであることが多いものです。**

罰の取り扱いには十分に注意することが必要です。

第 2 部 優れたチームを目指して

第2部

6章 「烏合の衆」をチームに変える

チームワーク

「烏合の衆」を
ワーク させるために

機　　能

　さて、本章からが第2部チームワーク編です。

　第1部では、集団になると起こる問題について取り上げました。ここまでを見ると、「チームって大変だ」とか「1人の方がいいのではないか」などと思った人もいるかもしれません。そうは言っても、みんなで働かなければならないことには変わりありません。集団の負の側面を乗り越え、さらには高いチームワークを発揮できる組織づくりが求められます。

　第2部では、いかにしてバラバラな集団から一流のチームへの成長が可能となるのか、産業・組織心理学のチームワーク研究の知見を紐解きます。

　異なるスキルや価値観、目標を持つ人々が集まったとしても、はじめは単なる「烏合の衆」です。こうしたバラバラな人たちを1つの「チーム」として「ワーク」(機能)させることがチームワークです。

　そもそも、企業や組織はなぜ存在するのでしょうか。

　それは、1人ではできないことを多くの人々の力を合わせて実現させるためです。自分と異なる力を持つ多くの人と仕事をすることで、個人のスケールを超えたことが成し遂げられます。

　高度に複雑化した現代の組織では、個人の能力ももちろん重要ですが、それを結集して1つの大きな力に変えることができるチームワ

ークはますます重要になっています。

経済産業省は、2006年に職場や地域で多様な人々と仕事をしていくために必要な基礎的な力として「社会人基礎力」という考え方を提唱しました。

この社会人基礎力では「前に踏み出す力」「考え抜く力」「チームで働く力」の3つの能力が想定されています。この3つ目の能力はまさに「チームワーク」を指しています。チームワークは社会人が身につけるべき基盤となる能力だとされています。

一方で、「チームワーク」というのは、日常的に使う言葉ですが、改めて考えるとどういうものなのでしょうか？
「チームで働く力」としての「チームワーク」とは一体何を指すのでしょうか？
また、良いチームワークを実現していくためにはどうすればいいでしょうか？

この章では、産業・組織心理学の研究にもとづきながら、チームワークの理解を深め、高い業績をあげられるチームに必要な考え方を見ていきましょう。

チームに必要な4つの要素

では、まず「チーム」とは、個人の集まりと何がどう違うのかという点から確認していきましょう。烏合の衆ではなくチームとして機能するためには、大きく4つの要素が必要だと言われます。[97]

---

[97] 山口（2024）

チームに必要なもの 1　目標を共有する

　1つ目は、目標の共有です。チームとは課題集団とも呼ばれる、何らかの目標をもとに集まった集団のことを言います。集団には、友達集団のように親密な仲良し関係として集まった集団（親密集団）や、国籍、民族、職業などの属性分類をもとにした集団（社会的カテゴリー集団）などがありますが、チームとはこの点が違います。達成すべき明確な目標を持ち、それをチーム全体で共有していきます。

チームに必要なもの 2　相互に協力する

　2つ目は、相互協力です。メンバー同士がお互いに影響を与え合いながら、協力することを指します。チーム全体で1つの仕事をする場合や、仕事を進める順番が決まっていて、メンバーそれぞれの仕事内容が密接に重なっている場合には、全員が協力しないと仕事自体が先に進みません。

チームに必要なもの 3　役割を分担する

　3つ目が役割分担です。チームでは一人ひとりがまったく同じ仕事をしているわけではありません。たとえば、同じ病棟で働いていても、医師、看護師、臨床検査技師など職種として違う仕事をする場合もあるでしょうし、同じ内容でもメンバーの得意・不得意や進捗状況に応じて、違う仕事を割り当てられることもあるでしょう。こうした役割分担を行いながら、しかしチーム全体の目標に向けた仕事を行うことが重要です。

成員を認識する

チームに必要なもの 4

4つ目は「成員性」、つまりチームのメンバーがだれかということです。境界が明瞭で、誰が集団に属するメンバーであり、誰がメンバーではないのかが明らかであることが大切です。これは当たり前なのですが、お互いに支え合うためにも、そのチームの範囲となる枠を意識することが重要なのです。

このことは逆に言うと、

①チームが共通の目標を持たず
②メンバーどうしが協力しあえておらず
③各自の役割が適切に意識されず
④誰がメンバーか分からず、所属意識も希薄

というチームは、うまく機能するチームとは呼べないのです。

[図6-1] 「チーム」をチームたらしめる4つの要素

1 目標共有		達成すべき明確な目標が共有されている
2 相互協力		メンバー同士が依存関係にあり協力しあっている
3 役割分担		各メンバーに果たすべき役割が割り振られている
4 成員性		チームの構成員とそれ以外との境界が明瞭

チームワークってどんな行動？

　次に、チームワークとはどういう行動をすることなのかを見ていきましょう。

　さまざまな分類の仕方があるのですが、ここでは、チームワーク行動の2つの主要な要素からの説明をします[98]。このモデルでは、チームワーク行動を①「チーム・パフォーマンスの統制管理」と②「チームの円満な対人関係の維持」に大別しています。

　たいていの組織行動は、大きく「課題遂行」と「対人関係」の2つから構成されるのですが、この①②も同じです。後から説明するリーダーシップのPM理論（7章）も同じです。

　この2つをそれぞれ見ていきましょう。

1 チーム・パフォーマンスの統制管理（課題遂行的側面）

　チームのパフォーマンスを高め、課題を遂行するために必要な行動が「**チーム・パフォーマンスの統制管理**」です。これは具体的にはさらに4つに分かれています。そして、これらはPDCAサイクルの考えに合致したものです。

　PDCAサイクルとは、「計画（P：plan）→実行（D：do）→評価（C：check）→改善（A：act）」という仮説・検証型のサイクルを繰り返すことで、業務改善を行っていくという考え方です。

※98　Rousseau,Aubé, & Savoie (2006)

150

・P（plan）: **業務を完遂するための準備**

　チームに必要なミッションを分析し、具体的な目標の明確化を行います。それに基づいて、効果的な計画を立案していきます

・D（do）: **業務に関連する協働**

　コミュニケーションを取りながら、協力して業務に取り組みます

・C（check）: **職務遂行状況の査定**

　チームが実行した業務の成果や状況をモニタリングし、問題点を特定します

・A（act）: **チームとしての適応・調整**

　メンバーを支援し、コーチングを行いながら、チーム自体を実践的に改善・改革していきます

　見ていただくとわかるとおり、PDCAサイクルのチームワーク版とも呼べるのが、このチーム・パフォーマンスの統制管理です。

2　チームの円満な対人関係の維持（対人関係的側面）

これは、チーム内の人間関係を良好に保つための行動のことです。

●**精神的サポート**：メンバーをお互いに励ましあったり、精神的に支援したりすること

●**対立の総合的な調整・処理**：人間関係で生じる対立を適切にマネジメントすること（本書では8章で議論しています）

といった行動が含まれます。

　この両面の行動は、チームワークを成功させるためには不可欠なものです。

①課題遂行としてのチームワーク行動はチームの生産性と効率性を高めるためのものであるのに対して、②の対人関係としてのチームワーク行動はチームの士気や持続可能性を支えるためのものです。**これらがともに確保できたチームは、より強靭で、生産的であり、長期的に成功する可能性が高いチームだといえるでしょう。**

[図6-2]

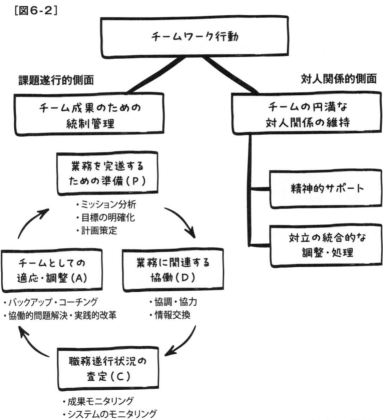

Rousseau, Aubé, & Savoie (2006)を元に著者改変

チームワークの4階建ての構造

　高いチーム力を備えたチームについて、私たちの研究グループでは**「4階建ての構造」**を使った説明をよく行います。[※99]

　この「4階建ての構造」は、学術的にはディッキンソンらのチームワーク・プロセスモデル[※100]に依拠しながら、これを改変・整理し、建物の比喩で示してわかりやすくしています。下の部分が土台となって、だんだんと段階を高く積み上げていきます。

　下から順に見ていきましょう。

[図6-3] チーム力を上げる4階建ての構造

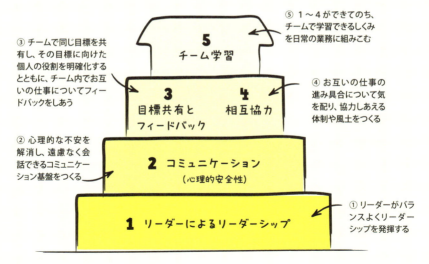

⑤ 1〜4ができてのち、チームで学習できるしくみを日常の業務に組みこむ

③ チームで同じ目標を共有し、その目標に向けた個人の役割を明確化するとともに、チーム内でお互いの仕事についてフィードバックをしあう

④ お互いの仕事の進み具合について気を配り、協力しあえる体制や風土をつくる

② 心理的な不安を解消し、遠慮なく会話できるコミュニケーション基盤をつくる

① リーダーがバランスよくリーダーシップを発揮する

※99 青島・山口・縄田 (2016)　　　※100 Dickinson & McIntyre (1997)

1階　①リーダーによるリーダーシップ

まずはリーダーシップが取れていることが一番下の土台になります。リーダーシップについてはまた7章で詳しく説明しています。

チームワークの基盤は、やはりリーダーシップです。**リーダーは方向性を示し、メンバーを統率する役割を果たします。また、メンバーを支えて集団自体を維持していきます。**この階層が安定していなければ、チームは効果的に機能しません。

2階　②コミュニケーション

コミュニケーションでは、課題やチームに関する情報交換を行いながら、精神的にも鼓舞したり支えあったりします。心理的安全性とカッコ付きで書いていますが、これは心理的安全性とはコミュニケーションを適切に取れることが、前提となるからです。

3階　③「目標共有とフィードバック」および④「相互協力」

コミュニケーションが土台にできたら、チームで同じ目標を共有し、その達成のために役割を明確化します。ここでは③「目標を共有し、お互いに指摘してフィードバックすること」が求められます。また、④お互いの仕事の状況や心身の状態に気を配りながら、協力し合うチーム体制を構築するという「相互協力」が大事になります。

| | 第 1 部 | | | | 第 2 部 | | | 第 3 部 | | |
| 1 | 2 | 3 | 4 | 5 | **6** | 7 | 8 | 9 | 10 | 11 |

4階 ⑤チーム学習

　そして、一番上が「チーム学習」です。1～3階ができたら、チームとして次なる段階を目指し成長できるように、チーム全体が学習できることが、優れたチームの到達段階になります。

　のちほど9章でも紹介しますが、チーム学習とは「集団全体が学ぶ」ことを指します。チーム学習で起きることは、チーム内のメンバーがそれぞれ学び成長することだけではありません。メンバーどうしが、お互いに失敗を共有したり、問題点を指摘しあい、より良いチームでの仕事の行い方を議論しながら、チーム全体としてさらに大きく成長することをいいます。

　高い成果をあげられるチームは、下の土台にあたる部分をしっかり固める必要があります。土台とは、1階「リーダーシップ」と2階「コミュニケーション」です。この土台がグラグラすると、最終的にチームの生産性や創造性を上に積み上げていけないのです。

　この「4階建ての構造」では、各階層は下の階層の上に積み上げられているので、下が安定していないと上の階層は機能しません。したがって、チームワークを高めるためには、この階層構造に沿い、下から順につくり上げていくアプローチが必要です。**各階層がしっかりと機能しているチームは、より高い成果を達成できるようになっていきます。**

「烏合の衆」をチームに変える　**155**

チームが成果をあげるには、まずはコミュニケーション

　では、チームワークがチームの業績や成果へとどのように結実していくのでしょうか。実際に検証した研究を見ていきましょう。

　我々の研究[101]では、5企業、161チーム、1400名にチーム力診断を実施しました。ここでは、自身の所属するチームがどの程度チームワーク行動ができているかを評定してもらいました。

　参加してもらった企業の1つである自動車販売会社には経常利益や販売台数のデータを、また、別の設備工事会社では、目標達成率のデータを提供してもらい、これをチームの業績の指標としました。これらのデータを統計的に分析した結果、**図6-4**のような影響過程が示されました。

　ここでいう「影響過程」とは、「AがBを高める（もしくは低める）原因となる」ことを複数組み合わせて一連の流れとしたものです。ことわざの**「風が吹けば桶屋が儲かる」**を思い浮かべるとわかりやすいでしょうか。

　このたびは「A→B→C」という影響過程として、「（A）コミュニケーション→（B）目標への協働→（C）チーム成果」という結果が得られています。つまり、**「チームのコミュニケーションが高まると→目標に向けて協働が行われる→その結果、チームの成果が高まる」**、このような一連の流れが妥当である可能性が高いという結果となったのです。

※101　縄田・山口・波多野・青島（2015）

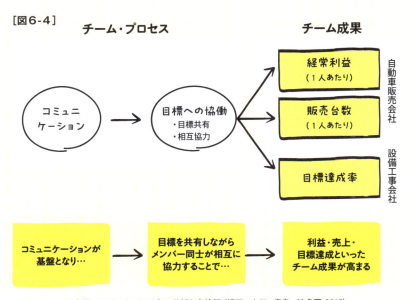

5企業、161チーム、1400名の分析から検証（縄田・山口・青島・波多野, 2015）

　これによると、「コミュニケーション」がまずは基盤となります。これがあることで「目標共有とフィードバック」と「相互協力」からなる「目標への協働」という優れたチームワーク行動ができるようになった結果、チームの経常利益や販売台数、目標達成率といったチーム成果が高くなるという過程が妥当だと示されました。

　さらに、チーム力診断のデータを蓄積し、5728名からなる21組織、812チームを対象に改めて分析を行った最近の研究でも、これと同様の結果となりました[102]。また、この研究ではそれに加えてリーダーシップの影響も検討しました。結果は、またリーダーシップの章で

※102　縄田・池田・青島・山口（2024）

も改めて紹介いたします（165 ページ）。

> 先ほど紹介したチームの４階建て構造の理論的根拠となっているのはディッキンソンとマッキンタイアが提唱したチームワークモデルです[103]。ここでは、コミュニケーションがチーム全体の働きに影響を及ぼすことが指摘されています。まさに「潤滑油」のように、**コミュニケーションがなければチームはスムーズに動かないともいえるのです。**

　また、コミュニケーションは心理的安全性とも深く関わっています。
　本書では何度も心理的安全性を強調していますが、どの場面でもチーム力を高める重要な要素です。**心理的安全性が高いチームでは、メンバーは自由に意見を交わし、創造的なアイデアを生み出しやすくなります。**逆に、心理的安全性を確保できていないチームでは、コミュニケーションがうまくできず、チームのパフォーマンスにも悪影響を及ぼします。

　コミュニケーションと心理的安全性は**チームワークの根幹を成すものです。**チーム内での信頼を築き、効果的なコミュニケーションを促進し、心理的安全性を確保することは、高いチーム力のあるチームづくりに不可欠なものなのです。

「阿吽の呼吸」で動けるチームは強い

　チームとしてのパフォーマンスを最大限に発揮するためには、メンバー間で「認知の共有」ができることが非常に重要です。この「認知の

---

[103]　Dickinson & McIntyre (1997)

　共有」とは、チームの目標や現状の理解、役割分担についてチームメンバー全員で的確に把握できていることを意味します。

　チーム認知の共有がうまくいっていれば、言葉を交わさずとも互いの意図を察知しスムーズに動けるようになります。**いわば阿吽の呼吸です。**これはチームワーク研究では**「暗黙の協調」**と呼ばれて研究されてきました。※104

　たとえば、バスケットボールでのノールックパスは、暗黙の協調の典型例です。パスを出す選手は、チームメートの位置や次の動きを正確に把握しており、「こういう場面では自分たちのチームはこう動くのだ」ということを共有できているからこそ、ノールックパスが成功するのです。

　これはスポーツだけではなく、職場でも同様に見られます。職場における暗黙の協調とは、自発的に役割分担や業務負担の調整をしながら、いちいち声かけをせずとも、メンバー間が円滑かつ補完しあいながら連携できることを指します。

　数年前にとあるトラブル対応を行うコールセンターのお仕事の様子を観察させていただいたことがあります。これを暗黙の協調の一例としてご紹介します。

　ここでは、座席を「島」として1つのチームが組まれています。そして、1人が電話に応答している間に、自身が対応中でなければ周囲のメンバーはその会話を確認して、サポートが必要かを判断します。

※104　Rico et al. (2008)

サポートが必要なメンバーは電話応対中で、直接ほかのメンバーとは会話ができません。**周囲のメンバーが暗黙の了解で動いて、現場でトラブル対応する人の出動を要請するなどの支援を行います。**
他の手の空いているメンバーからの自発的な援助があることで、電話中の人が1人で対応するよりも、問題が迅速に解決されるのです。

暗黙の協調のメリットは、コミュニケーションのコストが削減できることです。会話のためには、わざわざそこに時間と労力をかけないといけません。その手間を省いて、暗黙の協調で動くことができるならば、チーム全体の動きがスムーズとなり、円滑かつ効率的にチームが機能するのです。

「今ここ」で阿吽の呼吸で動くためには、普段のコミュニケーションが重要

ただし、ここで注意してほしいのは、暗黙の協調は「コミュニケーションしないこと」を意味するわけではない、という点です。

この話はやや矛盾しているように思えるかもしれません。

というのも、暗黙の協調はコミュニケーションを**取らずとも**的確に協調ができ、チームワークが発揮できることを指します。そうであれば、コミュニケーションは不要なのではないかと思うかもしれません。しかし、そうではありません。

コミュニケーションを通じて、目標、期待、役割といったチーム内の認識が一致していきます。こうしたコミュニケーションを事前に行っておくことによって、いざというタイミングでは、明示的に言葉を交わさな

くても相手の意図を理解し、適切な連携が取れる「暗黙の協調」が実現するのです。

　すなわち、暗黙の協調を実現するためには、むしろ事前にコミュニケーションをしっかりと取っておくことが重要です。**今ここで**コミュニケーション抜きで暗黙の協調ができるためには、きちんとコミュニケーションを取ってチーム認知を共有させておくという**事前段階が**必要なのです。

　我々の研究[※105]では、日本国内3社の216チームを対象にコミュニケーションと暗黙の協調に関する調査データを分析しました。
　その結果、日常のコミュニケーションがよく取れているチームでは、**ノウフー**と呼ばれる「誰が何を知っているか」が共有されていること（対人交流記憶システムといいます）、暗黙の協調が実現していました。そして、このことがチーム成果に繋がっていました（図6-5）。

[図6-5]

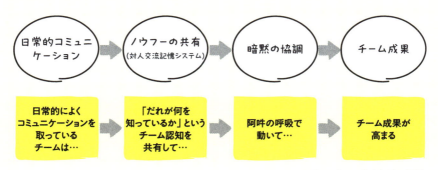

Nawata, Yamaguchi, & Aoshima (2020)

※105　Nawata, Yamaguchi, & Aoshima (2020)

つまり、日常的にコミュニケーションをよく取っているチームでこそ、いざというときにコミュニケーションを取らずとも暗黙の協調ができているチームということになります。

　そして、その理由には、**メンバーの誰がどんな専門性や役割を担っているのかに関する理解を、チーム全体で共有しているからだ**ということが示唆されました。

　暗黙の協調ができるためにこそ、日常のコミュニケーションは不可欠なのです。

日常時の「阿吽の呼吸」モードと
変動時の「熟議」モードを行き来する

　一方で、暗黙の協調にも弱点があります。それは、変化に弱いという点です。

　暗黙の協調は、「こういうときにはこうする」「こんなときには誰が詳しくて誰が対応する」といったチーム内での認識が共有できている状態です。そのため、いちいちコミュニケーションを取らずとも、うまくいきます。

　しかし、突発的なできごとでは、定まった対処の方針や役割分担が使えなくなりますので、暗黙の協調では問題解決は難しいでしょう。

　つまり、暗黙の協調は、どう対処するか事前に定まっていない想定外の事象を苦手とするのです。想定外のできごとにまで、コミュニケーションを取らずに、無理に暗黙の協調でチームを動かそうとしても、円滑どころか拙速にしかならないでしょう。

また、暗黙の協調は、長期的な社会変化に適応することも苦手としています。現代社会は変化の激しい時代です。今までと同じようなやり方が通用しないことも多いでしょう。暗黙の協調は、いつもの慣れた業務を円滑に進めるものです。だから、長期的な社会変化に合わせて、チームを変革させていく場合には、話し合わずに暗黙の強調で進めてもうまくいかないでしょう。

こうした緊急状況などの非常時、もしくは長期的なチームの変革が必要な場面が変動時です。

これを踏まえると、日常時と変動時の2つの場面を分けて考えることが重要です。※106

日常時

安定・円熟した状況

↓

暗黙の協調

日常で業務を行うような安定・円熟した場面では、暗黙の協調を実現させることが有効です。コミュニケーションを取りすぎるよりも、阿吽の呼吸で迅速かつ円滑に連携をしましょう

変動時

問題解決・変革が必要な状況

↓

熟議

一方で、チームが置かれた環境が変化し、問題解決や変革が必要となることもあるでしょう。こうした変動場面では、チーム内でコミュニケーションをしっかりと行い、メンバー同士でオープンな姿勢でしっかりと討議しながら取り組むことが有効となります

※106　山口（2012）をもとに著者改変

この日常時と変動時で場面に応じてスイッチングが適切にできることが重要です。

日常場面では暗黙の協調でチームを動かし、変動場面ではしっかりと議論して進めていく。今はどちらの場面なのかを意識し、それに合わせてスイッチングをしていくことが大切です。

[図6-6]

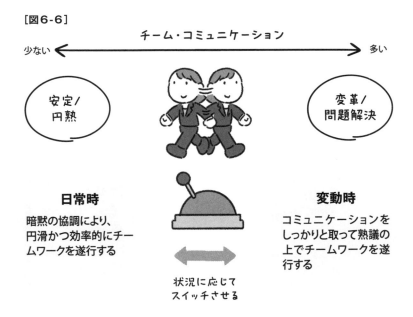

山口（2012）を参考に著者改変

第2部

7章

身につけるべき リーダーのふるまいとは

リーダーシップ

チームの働きは
リーダーがカギを握る

　リーダーシップが重要であることは言うまでもありません。**集団が目標を達成し、目指した成果をあげられるかどうかは、リーダーの存在と働きによって大きく左右されます。**

　たとえば、スポーツチームが試合で勝利をつかみ、優勝を目指すためには、**監督の采配やキャプテンの働きかけが大きく作用します。**
　企業の発展も、社長や各部門のリーダーがカギを握ります。リーダーの明確なビジョンと適切な判断と指示が組織の活力を引き出します。政党の党首や劇団の座長など、あらゆる集団で、リーダーの行動はチームの成果を左右します。
　6章でも紹介した「チームワークの4階建て構造」でも、リーダーのリーダーシップはその一番基盤となる部分、すなわち「土台」として機能すると紹介しました。リーダーシップはチーム運営において非常に重要な役割を担います。

　この章では、リーダーに求められる行動やそのあり方を見ていきましょう。

　なお本書に興味を持つ読者のみなさんの中には、これまでにリーダーシップの理論を紹介する書籍を読んだ方も多いでしょう。

166

　そうした書籍では、多種多様な「〇〇リーダーシップ」が羅列され、それが原因で理解に苦しんだ方も多いかもしれません。似たり寄ったりの概念に異なる名前がつけられていることもあります。これでは混乱しても仕方ないでしょう。

　この章でも、研究紹介を行う性質上、複数の「〇〇リーダーシップ」を取り上げますが、そのエッセンスとなる部分を説明することで、読者のみなさんが混乱することなく理解できるよう努めます。

「どんな人か」よりも「どう行動するか」が重要

　さて、「リーダーに求められる行動のあり方を見ていく」と書きました。リーダーシップを「行動」として捉える視点はとても重要です。

　学生に授業でリーダーシップの話をすると、「僕／私はリーダーとか向いてないのですが……」といった反応がしばしばあります。

　これはリーダー経験に乏しい学生たちにとっては自然な反応かもしれませんが、「自分には向いていない」という言葉が示すとおり、ここにはリーダーシップを個人の性格や資質として捉えすぎているという問題が潜んでいます。

　確かに、個人の性格や資質がリーダーシップに影響しないわけではありません。そうしたことを示す研究もたくさんあります。しかし、リーダーシップを個人の性格や資質のみで決まるものだと考えるのは間違いのもとです。

　むしろ重要な視点は、リーダーシップは行動面でのスキル（技能）として捉えることです。

1章でもお話ししましたが、性格や資質は変えるのが難しいものです。もし仮に、あるリーダーが向いていない性格や資質を持っていることが分かったとしても、人の性格や資質は変えにくいものなので、結局お手上げになってしまいます。

　しかし、行動面でのスキルであれば、現時点ではリーダーとして未熟であっても、訓練を通じてスキルを高めていくことができます。

リーダーシップを身につけていく

　したがって、リーダーに必要な性格や資質にこだわるのではなく、「この場所でのリーダーとしてどう行動するか」という視点から必要なスキルを身につけていくことが重要です。

　本書ではリーダーがどのような行動をとれば、集団に良い影響を与え、集団全体で高い成果をあげられるのかを見ていきましょう。

リーダーシップ行動の王道
——「課題」と「対人」の両輪

　まず、リーダーシップ行動の不動の二軸を最初に説明します。それは「課題」と「対人」です。

　リーダーシップ行動も、大きく分けて「課題遂行」と「対人関係」の2つの行動として捉えることができます。課題遂行とは、チームが達成すべき目標や仕事の内容を進めること、対人関係とはメンバー同士がコミュニケーションを取りながら人間関係をつくっていくことです。

　これら「課題」と「対人」の両輪が適切に機能している状態こそが、優れたリーダーシップだと言えます。

　リーダーシップ研究の歴史では、多くの研究者が、名前は異なれども、この「課題」と「対人」の2つの軸の存在を指摘してきました。[107]この2つはリー

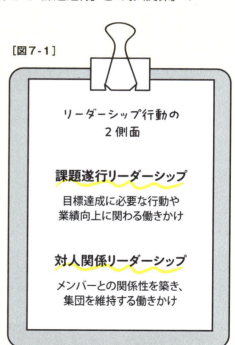

[図7-1]

リーダーシップ行動の
2側面

課題遂行リーダーシップ
目標達成に必要な行動や
業績向上に関わる働きかけ

対人関係リーダーシップ
メンバーとの関係性を築き、
集団を維持する働きかけ

---

[107] Blake & Mouton (1964); 三隅 (1984); Judge, Piccolo, & Ilies (2004)

シップの不動の2軸だと言われます。

では、この「課題」と「対人」の2軸とは具体的には何を指すのでしょうか？　ここでは、日本国内のリーダーシップの代表的な理論である、社会心理学者・三隅二不二が提唱した **PM理論** を取り上げながら、もう少し詳しく見ていきましょう。

PM理論も、課題の「P（Performance）行動」と、対人の「M（Maintenance）行動」の2つから成り立っています。この2つから、リーダーに必要な行動が理解できます。

> 課題 | **課題遂行リーダーシップ（P行動）:** 目標達成や業績向上に焦点をあてたリーダーの行動です。具体的な仕事の指示や計画の立案、進捗の管理に向けて働きかけを行います。

> 対人 | **対人関係リーダーシップ（M行動）:** メンバーの気持ちを理解し、チームの調和を保ち、それぞれのメンバーが働きやすい環境を作るといった、人間関係を維持・向上させるリーダーの行動です。

優れたリーダーシップ とは、これら2つを **ともに高いレベルで発揮する** ことだといえます。

この「課題」と「対人」の2つの軸に基づいたリーダーシップを、高低の組み合わせによって4つの象限に分けて考えると理解が深まります。PM理論に基づいた4象限の特徴を詳しく見ていきましょう（図7-2）。

ここには、P、M、p、mと大文字と小文字が出てきます。大文字が高くできている状態、小文字ができていない状態を指します。

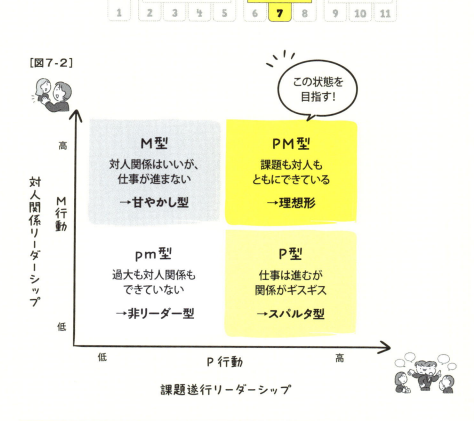

[図7-2]

　PM理論において理想とされる状態は、右上の「PM型」です。**課題遂行（P行動）と対人関係（M行動）の両方を高いレベルでバランスよく発揮します。**このPM型のリーダーは、目標達成に向けて的確に指示をしながら、メンバーへのきめ細やかな配慮を両立させることができる、最も理想的なリーダーシップスタイルだと言えます。

　右下の「P型」リーダーは、仕事の指示には長けていますが、メンバーへの配慮が不足しているリーダーです。**冷淡で厳しすぎるスタイルになりやすく、いわば「スパルタ型」リーダー**と言えるでしょう。

反対に、左上の「M型」リーダーは、メンバーへの配慮はできており、**居心地は良いチームとなっているのですが、いかんせん仕事の指示が緩く、生産性も低下しがちです。**これは「甘やかし型」リーダーとでも言えるでしょうか。

　最後に、**左下の「課題」も「対人」も不足しているリーダーは、当然ながらリーダーと呼べる状態ではなく、「非リーダー型」**となるでしょう。

　これまでの研究で、PとMが両方できているリーダー（右上の「PM型」）が、もっとも集団の生産性や意欲が高いことが繰り返し示されてきました。次項で示すような相乗効果も期待できます。**「課題」も「対人」も高いレベルで発揮できている「PM型」リーダーシップを目指すこと**が、組織行動の重要な目標です。

　このように、具体的な行動要素のスキルとして捉えれば、これをどうトレーニングすればいいかが分かりやすくなります。

　たとえば、「P型」リーダー（右下）は、スパルタ型であり、課題面ではしっかりとできているので今のままでもいいでしょう。**一方でM行動である対人関係のリーダーシップはできていません。**リーダーとしていまだ不十分なM行動を習得してもらうことが必要です。

　こうしたP型リーダーへのアドバイスとしては、

「あなたはしっかりと指示はできていますが、部下のメンタルを支えて良い人間関係を構築することがやや不十分です。この足りない点を身

につけていき、『課題の指示』も『集団全体の維持』もともにできるPM型のリーダーを目指しましょう」
といったものになるでしょう。

反対に「M型」リーダー（左上）はどうでしょうか？　いわば「甘やかし型」リーダーです。こちらのリーダーは人あたりがよく、集団は和気あいあいとして良いのですが、**仕事の指示が不十分でチームの業務が滞りがちです**。こうしたリーダーにはP行動を身につけてもらわねばなりません。

このM型リーダーへのアドバイスとしては、

「あなたは、部下と円滑な人間関係を築いていて良い雰囲気の集団づくりはできています。ただ、チームで行う業務自体の指示がやや不十分です。この足りない点を身につけていき、『課題の指示』も『集団全体の維持』もともにできるPM型のリーダーを目指しましょう」
となるでしょう。

いずれのケースでも目指すべき状態は同じです。PMの両面をできるようになること、そのためにどちらがどのくらい足りないのかを把握し、PMがともに高い理想的な状態に持っていくことが必要なのです。

このように、リーダーとして、どういうスキルを身につけてもらうかという視点から見ることで、必要なことが見えやすくなります。

そもそも組織で行われる行動の多くはこの2つの軸に大別されます。組織行動も「課題」と「対人」のバランスが重要です。
　チームワークの章で紹介したチームワーク行動の2つの分類でも同じものが出てきたのを覚えていますか？（図6-2）

1　**チーム・パフォーマンスの統制管理**（課題遂行）
2　**チームの円満な対人関係の維持**（対人関係）

でした。
　結局、心理的安全性も同様なのですが、重要な考え方は組織心理学の中で類似した概念として繰り返し出てくるものなのです。

P行動とM行動の両方ができるのが大事

「課題」と「対人」の相乗効果

　ここまで「課題遂行リーダーシップ」と「対人関係リーダーシップ」の両立が重要だという「PM型」リーダーシップを説明してきました。その重要性の背景にある、「課題」と「対人」の相乗効果についてもう少しお話ししましょう。

　課題遂行リーダーシップと対人関係リーダーシップは、どちらか一方だけでもチームワークや成果を向上させます。**特筆すべきは、これらが同時に高いレベルで発揮された場合に、チームワークやチーム成果をさらに大きく向上させることです**。私たちの研究グループが行った研究結果はこれを示しています。

　チーム力診断の蓄積データを用いた800以上のチームを使った分析の中で、この相乗効果が確認されました。[※108]

　具体的な分析結果を見てみましょう。
　まず、単独の影響です。「課題」と「対人」のリーダーシップは、それぞれどちらもチームワークとプラスの関連が見られており、ともにチームワークの向上に寄与していました。
　それに加えて、「課題×対人」という相乗効果を調べても、チームワークと関連しており、「課題」と「対人」のリーダーシップが揃って同時に高いときに、チームワークがさらに高いという結果になりました。
　これは「課題」と「対人」が互いに一方の効果を強化しあっているこ

※108　縄田・池田・青島・山口（2024）

身につけるべきリーダーのふるまいとは　**175**

とを意味しています。「課題」が高いときには「対人」の効果が、「対人」が高いときには「課題」の効果が、それぞれ増幅されるといえます。

影響過程を見ると、この両者のリーダーシップが相乗効果によって高いレベルとなり、特にチームワークが優れたものとなる結果、さらにチーム成果が高くなる、ということが確認されました。

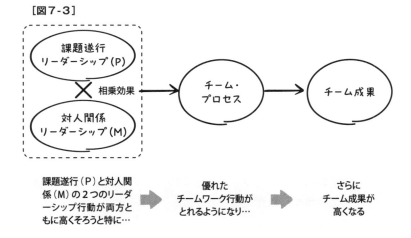

縄田・池田・青島・山口（2024）

変化する状況に適応するには、変革型リーダーシップ

さて、ここまで「課題」と「対人」のリーダーシップの不動の2軸について説明しました。チーム活動をマネジメントする上では、このアプローチは大変効果的です。

一方で、この2軸では対応できない問題も出てきました。なぜなら、

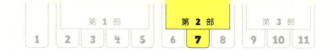

現代社会は複雑さを増し、昔は考えられなかったような急速な変化が起こっています。そんな環境に適応し、対応していく必要があります。こうした状況で重要なのが「変革型リーダーシップ」です。※109

　変革型リーダーシップは、1980年代後半、アメリカの多くの企業が厳しい経済状況に立ち向かうべく組織変革を求めた時期に提唱されたものです。
　これは、組織やチームに新しい価値やビジョンを提示し、その実現のためにメンバーを巻き込んでいくリーダーシップです。**リーダー自身が模範となり、変革の先頭に立つことで、組織全体を高いモチベーションで導きます。**

　変革型リーダーシップの研究では、従来型のリーダーシップである「交換型リーダーシップ」と「変革型リーダーシップ」の2つに分類されます。

　まず、交換型リーダーシップとは、リーダーと部下であるフォロワーの間に報酬の交換関係があることを仮定しています。つまり、リーダーが報酬を渡すことで、その見返りとして部下がチームや組織のために貢献するというものです。従来型のリーダーシップの大半はこちらになります。

　しかし、期待を超える成果を達成するにはこれだけでは不十分だとされます。

※109　池田 (2017); 石川 (2022)

組織全体を鼓舞して変革を導く
カリスマが、変革型リーダーシップ

これに対して、**変革型リーダーシップは、メンバーと組織に変革をも**たらすべく、**4つの行動を行います。**

それぞれ、「Ｉ」の頭文字から始まるので「4I」とも呼ばれます。

1 理想的影響　Idealized influence

これはリーダーが与えるカリスマ的な影響とも呼べるものです。リーダーがパワフルで自信に溢れているとメンバーから認識され、**尊敬や信頼を獲得します。**そうしながら、チームが**目指すべきビジョンや目標を提示し、メンバーの価値観や信念、使命感に影響を与えます。**

2 モチベーションの鼓舞 Inspirational motivation

メンバーに**挑戦的な目標を強調し、高いレベルが期待されていることを示します。**鼓舞し発憤させるのです。そのために、**理想的なビジョンを提示し、**そのビジョンが達成可能であることを伝えていきます。

3 知的刺激　Intellectual Stimulation

メンバーに創造的な変化をもたらすために、従来どおりの方法ではなく、**新たな視点や手法を提示して、**知的に刺激していく行動です。

４ 個別配慮 Individual consideration

変革をもたらすためにも、メンバーが置いてけぼりでは意味があり
ません。**メンバー一人ひとりの個性やニーズに合わせて**、それぞれが
成長し、自己実現ができるように支援やアドバイスを行います。

変革型リーダーシップは高い創造性を育みます。メタ分析による
と[110]、変革型リーダーシップがあることで、メンバーが自分を創造
的だと思い、創造に向けたモチベーションを持つこと、ならびに革
新的な風土が生まれることを通じて、創造性が高まるという影響過
程が確認されました。まさにメンバーとチーム風土に新たな価値を
生み出す創造性を刺激するのが、変革型リーダーシップです。

変革型リーダーシップができる人とは、単にルーティン化した日常の
目標を達成するためのマネジメント役にとどまりません。**チームメンバ
ーの潜在能力を最大限に引き出し、組織全体の変革を導くカリスマと
して機能するのです**。

日常的には「課題＋対人」、
長期的には「変革型」を

この章の最初にも述べましたが、これまでに数多くの「〇〇リーダー
シップ」理論が提唱されてきました。研究者でさえもそれぞれの違い
を区別するのが難しいほどです。実際に、「〇〇リーダーシップ」同士
の相関が高すぎて概念上で重複しているという指摘もあります。[111]

---

[110] Koh, Lee, & Joshi (2019)　　　　　　[111] Banks, Gooty, Ross, Williams, & Harrington (2018)

身につけるべきリーダーのふるまいとは **179**

研究では新しい理論が提唱されるたびに、その独自性や新規性が強調されます。しかし、これらの細かい違いは混乱を引き起こしがちで、実務上では役立たないと感じられることも少なくないでしょう。

だから、本書ではこの膨大な〇〇リーダーシップ理論を網羅すべく羅列して説明するのではなく、大ナタをふるって、その中核的なものだけを紹介します。

私がリーダーシップの主要な機能を紹介する際によく用いるのは、ここまで紹介してきた「課題」と「対人」の2つの機能に「変革型」リーダーシップを加えた3つの分類です。

改めて述べると、リーダーシップの基本は「課題」と「対人」という2つの不動の軸にあります。まずは、これらの基本的な不動の二軸の両輪を理解し、実践することが重要です。**これらは日常的な業務を円滑に進めるために必要なものとなります。**

一方でそれだけでは不十分で、長期的な視点でチームや組織の発展を考える場合、変革型リーダーシップが不可欠になります。変化の激しい環境に適応できるようにチームを刺激することが必要です。

このような従来型と変革型のリーダーシップを合わせたリーダーシップの視点はフルレンジ (全方位型) リーダーシップと呼ばれることもあります。[112]

つまり、

日常的には組織内の課題を着実にこなすべく、「課題」と「対人」の両輪で回しながら、長期的に組織外の変化に適応するためには、「変革型」でチーム自体を刺激してダイナミックに変えていく

---

[112] Antonakis, Avolio, & Sivasubramaniam (2003)

というのがリーダーが目指すべき役割の中核です。

このように考えると、リーダーが取るべき役割がより明確に捉えやすいのではないでしょうか。リーダーシップ研究は多様で、ほかにもさまざまな視点やアプローチが存在しますが、中核原理を押さえるならば、これだと考えています。

[図7-4] 場面ごとの発揮すべきリーダーシップ

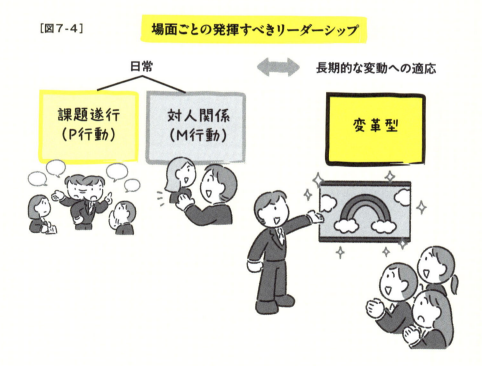

リーダーは「奉仕者」かつ「安全基地」を目指しましょう

本章の最後に、**押さえておくべき2つのリーダー像**をご紹介します。

これまでの議論では、リーダーはどのように行動すべきか、その行動に焦点をあててきました。こうした行動を実現するためには、**リーダーとはチームにとってどういった存在であるべきかというあるべきリーダー像を意識する**ことが役に立つでしょう。

リーダーは「奉仕者」かつ「安全基地」であるとよいという視点をここで紹介します。

1 リーダーとは「奉仕者」である ——縁の下の力持ち

「奉仕者」となるリーダーシップは、サーバント・リーダーシップと呼ばれます。サーバントとは、日本語で「使用人」や「召使い」を意味します。これは従来のリーダーのイメージとはだいぶ異なるものですが、まさにその点が新鮮で注目に値するものです。**メンバーの成長を促すことを目指し、メンバーに奉仕し、下から支えるのが、サーバント・リーダーシップです**[113]。奉仕型リーダーシップとも呼ばれます。

従来のリーダーシップでは、「上から下へと指示や命令をする」こ

※113 池田, Greenleaf (1977, 翻訳 2008)

とに重点を置いていました。これは先ほど紹介した「課題遂行リーダーシップ」の一面でもある重要なものではありますが、視点はリーダーが中心のものです。

もちろんそうした理解自体が誤解ではあるのですが、リーダー中心の視点になると、ときに「人の上に立つ人が偉い」と横暴な振る舞いを許してしまいます。メンバーが萎縮してしまうことは避けなければいけません。

真のリーダーは奉仕者である

一方で、サーバント・リーダーシップはメンバー中心の考え方です。サーバント・リーダーシップの提唱者であるグリーンリーフは**「真のリーダーはフォロワーに信頼されており、まず人々に奉仕することが先決である」**と提言しています。

サーバント・リーダーシップでの主役はリーダー自身ではなく、メンバーです。リーダーの役割は、メンバーが自身のポテンシャルを最大限に発揮し、活躍できるように、チームメンバーに奉仕し、下から支えることだと言えます。

いわば、「縁の下の力持ち」になることを目指すリーダーシップだと言えるでしょう。実際にメタ分析でも、サーバント・リーダーシップが高いパフォーマンスにつながることが示されてきました。[114]

変革型リーダーシップでは、優れたカリスマ性の発揮が求められます。しかし、すべてのリーダーがそれをするのも難しいでしょう。こ

---

[114] Hoch et al (2018); Zhang et al. (2021)

ちらのサーバント・リーダーシップであれば取り組みやすいかもしれません。**奉仕型のリーダーとしての役割を誇りに思い、堂々と「縁の下の力持ち」としての役割を担ってください。**

組織はチームワークがカギです。リーダーが個人として成果をあげることだけが必要なのではありません。チームみんなで成果をあげることが重要なのです。**たとえ自身は目立たずとも、その「みんな」を高められる管理者は、真に優れたリーダーだと言えます。**

[図7-5] **メンバー中心の視点をとるサーバント・リーダーシップ**

池田 (2021)

2 リーダーとは「安全基地」である

最近の私たちの研究グループでは、**セキュアベース・リーダーシップ**に注目しています[115]。セキュアベースとは、日本語に訳すと「安全基地」です。これは、リーダーがメンバーにとっての安全な基地となるべきだというリーダーシップの考え方です。

セキュアベース・リーダーシップの核心である「安全基地」という概念は、発達心理学者ボウルビーの愛着理論に基づいています。

愛着理論によると、赤ちゃんは親などの養育者から保護を受け、常に守ってもらえるという安心感を日々育んでいきます。養育者は「安全基地」となり、子供がそこを出発点として少しずつ親元から離れて挑戦しては戻ってくるという経験を重ねながら成長することを促します。
養育者が安全基地として機能しているからこそ、だんだんと挑戦できるようになっていくのです。

この考え方は組織でも同じようにあてはまります。リーダーやチームが**メンバー一人ひとりがいつでも戻ってこられる安全基地**として、信頼と安心を提供し、挑戦を支援することが、セキュアベース・リーダーシップの要点です。

---

[115] Kohlrieser, Goldswoethy, Coombe (2012, 翻訳 2018); 池田・縄田・青島・山口 (2022)

挑戦するメンバーが失敗しても大丈夫なように支える「セキュアベース・リーダー」

　セキュアベース・リーダーシップは、登山での「ビレイヤー」の役割を例にすると理解しやすいでしょう。ビレイヤーは登山をするときにクライマーを支え、安全を確保する役割です。

　セキュアベース・リーダーもこれと同様に、**チームメンバーがリスクを取りながらも安全な環境の中で成長できるように支援します。**

　リーダーが信頼に基づく安全や安心感を提供してはじめて、メンバーはリスクを取って高い目標に挑戦することができます。

　メンバーが高みを目指して挑戦したときに、まさに失敗して落ちても大丈夫なように、メンバーを紐で吊るして支えるリーダーシップ、それがセキュアベース・リーダーシップなのです。

ビレイヤーとしての
セキュアベース・リーダー

メンバーが挑戦し、高く登っていくときに、いざというときに下から支えるリーダー

[図7-6]

下から支えるという点では、サーバント・リーダーシップとも共通しています。**特に、セキュアベース・リーダーシップは、メンバーの挑戦を支援していくことにより焦点があたっています。**

部下が冒険できるようになるには、リーダーの思いやりと挑戦の両輪が必要

セキュアベース・リーダーシップでは、メンバーに安心感を提供し、挑戦を恐れずに成長できる環境をつくることを目指します。

ここで大事になるのは、「思いやり」と「挑戦」の両輪を備えることです。リーダーは、「思いやり」によってメンバーに守られているという安心感を与えるとともに、その安心感を踏み台にして、高い目標に向けて積極的に「挑戦」できるように支援します。

仮に失敗しても大丈夫。**リーダーが「安全基地」となることで、メンバーは冒険することができ、果敢にリスクをとり、未来を先取りする行動を積極的に行えるのです。**

このリーダーシップスタイルは、心理的安全性の確保とも密接に関連していると言えるでしょう。**心理的安全性が高いチームでは、メンバーは失敗を恐れずに新しいアイデアを試すことができ、これがイノベーションとチームの成長を促します。**

セキュアベース・リーダーシップは、このようにメンバーを肯定し、支援する環境を構築します。これにより、高いチームワークと成果の実現に貢献することが期待できるのです。

チーム全体が
安全基地になることが理想

　もちろん安全基地となるべきなのは、リーダー1人だけではありません。**理想は、チーム全体が安全基地となる、セキュアベース・チーム（安全基地チーム）になることでしょう。**これはリーダーを超えて、チーム全体の信頼と安心感を育むことを重視した考え方です。

　さて、「安全基地」という言葉には「安全」という言葉が入っていますが、この本の中では繰り返し、「安全」という言葉が入る概念がもう1つ出てきました。
　そうです。心理的「安全」性です。

　同様の言葉が使われているように、心理的「安全」性（psychological safety）と「安全」基地（secure base）チームにおいて、根源的な考え方は共通するものです。
　心理的安全性とは、たとえ自分の率直な意見を述べたり失敗したりしても、チームの他のメンバーから馬鹿にされたり拒否されたりしないと信じられるチーム状態です。
　心理的な安全性が確保できたチームだからこそ、メンバーは自分の率直な意見を述べながら、積極的に挑戦することができます。

　セキュアベース・チームも同様です。安全基地として機能したチームでは、「**もしも失敗しても受け入れてもらえる。戻ってくる場所がある。それが私のチームなのだ**」と信じられる安心感がチームメンバーを支えます。心理的安全性とずいぶん似ているのが分かるかと思います。

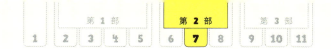

　つまり、心理的安全性も安全基地チームも結局のところ、チームへの信頼と安心感を足がかりとしながら、オープンなディスカッションや挑戦、プロアクティブ行動に積極的に取り組んで、より高みを目指して羽ばたいていくことを支援しているのです。

　ということで本章ではリーダーシップの話をしてきましたが、最後にはチームワークと心理的安全性の話に戻ってきました。心理的安全性はチームの根幹となります。9章でより詳しく見ていきましょう。

[図7-7]

セキュアベース(安全基地)としてのチームづくり
→「このチームでは失敗が許される」と思えるからこそ、挑戦できる！

いつも守ってもらえるという
安心感の醸成

いつでも帰れる安心感が
あるからこそ、挑戦できる

安全基地チーム

8章

メンバーの衝突に
どう向き合うか

対立

チームで対立が起こると、
その後はどうなるのか？

「雨降って地固まる」ということわざがあります。人間関係のトラブルが発生しても、それを解決し困難を乗り越える中で、以前よりもより良い関係になることを意味しています。

これを職場に当てはめると、性格や価値観が異なるチームメンバー間の**衝突が、大きな成果を生むきっかけになる**ということになります。
漫画やドラマで描かれるように、相反する性格でいつも衝突しているライバル同士が、とある出来事をきっかけに手を取り合って協力しながらともに大きな目標を達成していく。ドラマ『相棒』や漫画『スラムダンク』などはまさにそういう物語で、胸を熱くする読者も多いのではないでしょうか。

しかし、現実の職場では必ずしもドラマチックに展開するとは限りません。**読者の方にも「衝突したらそのまま悪化して終わるだけで、そんなにうまくいくはずがない」**と否定的な見方をする人も多いでしょう。

では、**実際に職場で起こるメンバー間の対立は、チームやその成果にどのような影響を与えるのでしょうか。**
また、**対立しながらも高い成果をあげられるチームははたして可能なのでしょうか？**

192

　この章では、社会心理学や組織心理学の研究に基づき、これらの問いを考えていきましょう。チームの中で起きる対立が及ぼす影響、そして、この対立を生産的な力に変える方法について、実証研究の知見をもとに詳しく見ていきます。

　なお、この章では「対立」という言葉を使用しますが、これは英語の「コンフリクト (conflict)」を指します。
　心理学の専門用語では「紛争」「葛藤」「(カタカナ語のまま)コンフリクト」などと和訳されるのですが、これらはニュアンスが日常語とは少し異なっています。そこで、この本では日常語の中で一番ニュアンスの近い「対立」という言葉を選びました。心理学に詳しい方は、「コンフリクト」と頭の中で置き換えて読み進めてください。

①「人間関係で起こる対立」と ②「仕事に関する意見の対立」から理解する

　この本では、主に**職場集団**に焦点を当てています。
　職場とは、根源的には、課題を遂行して組織の目標を達成するために存在します。**このような、同じ目標を達成するために集まって活動を行う集団を「課題集団」と呼びます。**これは、単に仲良しであることで集まっている友達集団とも異なり、より目的を達成することに向けて活動する集団です。

　職場集団で生じる対立は、大きく①**関係対立**と②**課題対立**に分類することができます。[116]

---

[116] Jehn (1995); De Dreu & Weingart (2003)

①**関係対立**：これは**対人関係で生じる感情的な対立**を指します。たとえば、同じチーム内で仲が悪いＡさんとＢさんがほとんど口をきかない状況や、不機嫌な上司のもとピリピリした雰囲気が蔓延したチーム状態がこれに該当します。

②**課題対立**：これは**職務や課題に関しての意見の対立**を指します。たとえば、商品開発チームで、新商品のアイデアがＡ案とＢ案とで意見が割れて、喧々諤々（けんけんがくがく）と意見を戦わせているといった状況です。

　ちなみに、これらの区分もやはり「課題」と「対人」の２つのカテゴリーに基づいています。この対立の章では、説明の都合上「課題」と「対人」の順番を入れ替えましたが、ここまでのリーダーシップやチームワークの章でも同じく「課題」と「対人」の区分を用いています。**産業・組織心理学の研究ではこの２種類の区分は繰り返し登場するものです。**

　さて、この２種類の対立は、チームワークや成果にどのような影響を与えるのか見ていきましょう。まず、大まかにいうと以下になります。

①**関係対立**　→　マイナスの結果になる
②**課題対立**　→　場面ごとに影響が違う。難しいがうまく扱えればプラス影響も

　特に②課題対立がもたらす結果に関しては、想定した理論と得られた実証データの食い違いが多く、研究結果もさまざまですので、少し複雑な議論となります。
　それぞれメタ分析の知見を元に、詳しく見ていきましょう。

[図8-1] **組織で生じる2つの対立**

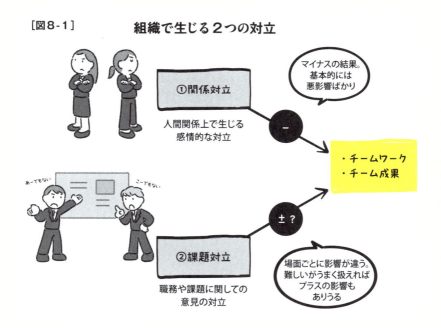

①「関係対立」は
マイナスの結果を引き起こす

　これまで行われた複数のメタ分析研究では、**関係対立がチームワークや成果にマイナスの影響を与えることが一貫して指摘されています**[117]。**人間関係が悪化してギスギスしたチームでは、チームの成果もあがりません**。たとえば、チームの中で、AさんとBさんが仲が悪い場合、当人同士の問題だけに留まりません。話しかけずお互いに仕事を回さないことが繰り返されていると、チームの円滑な業務遂行に支

---

[117] De Wit, Greer, & Jehn (2012); De Dreu & Weingart (2003)

障をきたします。さらに、チームの雰囲気も悪くして、周囲のメンバーが気を使わなくてはいけないこともあるでしょう。

　実際に、関係対立は、チーム成果に対して直接的に悪影響があるだけではなく、**それ以上にチーム状態に対する悪影響が大きいと指摘されています。**

　関係対立で大きな負の関連が見られたのは、信頼、凝集性、満足度、チームアイデンティティ、ポジティブ感情などでした[118]。つまり、**人間関係上の対立があると、チームへの一体感や信頼が低下し、職場の楽しさや仕事への満足感も大きく損なうといえます。**このことが最終的には成果の低下につながっていきます。

②意見の対立はプラスにも
マイナスにもなる

　では、２つ目の課題対立の方を見ていきましょう。

　先に述べたように、課題対立は**「場面ごとに影響が違う。難しいがうまく扱えればプラス影響」**だというのが概要です。少し複雑なので、丁寧に紐解いていきましょう。

　まず前半「場面ごとに影響が違う」の部分を説明します。

　課題対立は、もともと理論的にはプラスの結果をもたらすと考えられてきました。**1990年代には対立の研究者たちは「激しく意見をぶつけ合って、しっかりと深い議論を行うことで、より良い成果が生まれる。だから、課題対立はプラスをもたらすだろう」**と考えていました[119]。この考え方は「生産的対立」と呼ばれ、組織で課題対立をもとにした

※118　De Wit et al. (2012)　　　　　　　　　※119　Jehn (1995); Amason (1996)

生産的対立を積極的に目指そうという視点が導入されました。

しかし、研究が進むにつれ、当初に想定していた課題対立のプラスの影響は必ずしも見られるわけではないということがわかってきました。
どうやらプラス影響の研究とマイナス影響の研究がそれぞれあるために、研究全体としては相殺されるようです。

その結果、全体的な結論としては特に関係ない（つまり、プラスマイナス0）か、あるいはわずかにマイナスの傾向があることが示されました。

近年のメタ分析では、課題対立とチーム成果との全体的な関連はほぼゼロでした[120]。つまり、意見の対立は場面ごとにプラスの結果もマイナスの結果も見られており、全体をまとめてみると特にチームの成果と関係が見られないということです。これは当初の理論的予測とは異なる知見です。

課題対立がプラスにならない理由は関係対立の悪影響に引きずられるから

課題対立は、意見を戦わせてしっかり議論をすることによって、プラスの効果をもたらす可能性を秘めているはずです。しかし、全体的にはその効果が発揮されていませんでした。その主な原因は、**関係対立のマイナスを引きずってしまうことにある**ようです。

ここまで課題対立と関係対立を2つのものとして紹介してきました。概念的にはこの2つは別物です。

---

[120] De Wit et al. (2012)

しかし、どうも働く人の認識の中では、この**2つはきちんと切り分けられてはいない**ようなのです。

というのも、特に会社組織では仕事を通じて人間関係を構築します。組織の対立では、「課題」も「対人」も両方が同時に含まれるのです。

実際に、海外の研究でも、日本の研究でも、①関係対立と②課題対立には高い正の相関が確認されています。[121]

これはつまり**①関係対立と②課題対立はしばしば同時にセットで発生している**ということです。

①関係対立と②課題対立は、概念上は別物としては理解できる一方で、当事者側はこの2つを明確に切り分けて認識することは苦手なのだといえます。

その結果、課題対立は、それと密接に結びついた関係対立の悪影響を引きずってしまい、全体として良い結果をもたらさないことが多いのです。

実際の仕事場面を例に考えてみましょう。この切り分けはなかなか難しいものです。

たとえば、「**自分ががんばって準備した仕事の提案に対してチームメンバーから批判的な意見が述べられたことで、カチンときてつい不機嫌な態度を取ってしまった**」といったことは自身やまわりの人でも思いあたるところがあるのではないでしょうか。

---

[121]　村山・三浦 (2012); Simons & Peterson (2000); De Wit, Greer, & Jehn (2012)

[図8-2]
課題対立が関係対立として認識される

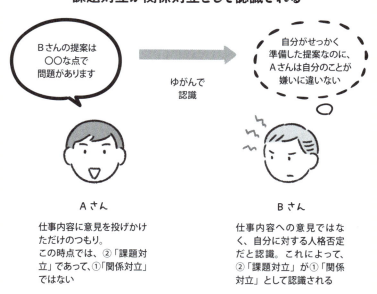

ここで批判した人は、もともとは「課題」の中身に関する異論を述べただけだったかもしれません。しかし、**受け取る側は「人間関係」として自分を人格的に侮辱したと捉えてしまいがちです。**「課題面での意見の食い違い」が「人間関係の悪化」を引き起こしてしまいました。

このように、実際の職場では、課題対立と関係対立は切り離すのがなかなか難しく、この関係対立が持つ悪影響によって、チーム成果にプラスの影響が見られなくなってしまうのです。

課題対立を生かすマネジメント

　課題対立がもたらす結果が研究ごとに異なることをここまで説明しました。これはつまりプラスの結果を生み出した場面もあれば、マイナスの結果となった場面もあるということを意味します。

　では、**課題対立がプラス効果を生み出す条件とはどういうものでしょうか?**

　課題対立に関する「場面ごとに影響が違う。**むずかしいがうまく扱えればプラス影響**」の後半部分をここからは見ていきましょう。

　課題対立がプラスの結果をもたらすために、ここでは、

> **対策①　課題対立と関係対立を切り分ける**
> **対策②　心理的安全性が高く、協力的なチームづくり**

の2つの視点から課題対立の生産的な扱い方を考えてみましょう。

対策 1 　課題対立と関係対立を切り分ける

　先ほど、課題対立と関係対立が密接に結びついていることが、課題対立がうまくいかない理由だと説明しました。

　逆に言うと、**課題対立と関係対立の「切り分け」を積極的に行うことは有用です。**

　説明したとおり、もともと課題対立と関係対立は切り分けられず

セットで起きがちです。**むしろそれが通常状態だと言えます。**

しかし、メタ分析の研究によると、関係対立と課題対立の相関が低いときには、課題対立がチームの生産性と正の関連があることが示されています[122]。つまり、この2つを切り分けることができている場面の研究を取り出してみると、課題対立はプラスの結果をもたらしていました。

また、チーム内の対立をパターンごとに分析した別の研究でも、「人間関係や過程に関する対立は少なく、課題対立だけがある」パターンのチームが、もっとも生産性が高いことが示されています[123]。

よく「ノーサイド」という表現が使われますが、この考え方はまさに「切り分け」を意味するものです。元々はラグビー用語で、試合中は厳しくタックルをして争い合っていても、**試合が終われば、敵と味方を区別することなくお互いの健闘を称え合うことを指しています。**

喧々諤々と厳しく議論をしても、話し合いの場を降りれば、対立はなかったように和気あいあいとした関係を維持していく。職場でも、これができるチームこそが、強みを持って高い生産性をあげられるチームとなるのです。

Googleの現場でも「感情レベルの対立を減らし、アイデアレベルの対立を増やせ」という考え方が共有され、推奨されているそうです[124]。これはまさにこれまで説明してきた、関係対立と課題対立の切り分けを意識することと同様の指摘だと言えます。

※122　De Wit, Greer, & Jehn (2012); De Dreu & Weingart (2003)
※123　O'Neill, McLarnon, Hoffart, Woodley, & Allen (2018)
※124　グジバチ (2018) p.4

議論や指摘ができる職場になるには
「信頼」が必要

　では、課題対立と関係対立をどうやったら切り分けられるのでしょうか。

　課題対立と関係対立を切り分けるためには、**信頼**が重要となります。トップマネジメントチームを対象にした研究では、チーム内に信頼があるときには、課題対立と関係対立の関連は低いことが報告されています。※125

　信頼とは、自分を相手に委ねてもいいという心理状態を指します。そういう信頼を持てるメンバーだからこそ、課題に関して厳しい指摘をしても、人間関係面での摩擦を引き起こさないのです。**信頼できる仲間だからこそ、厳しさも尾を引かずノーサイドで終われるのだと言えるでしょう。**
　これは次章の心理的安全性の議論ともつながる話です。

　また、コミュニケーションの一般的な話として、言い方の問題はやはり重要です。謙虚で丁寧な言い方を心がけることが必要です。
　人は「課題を指摘されても、人格否定として受け取りやすい」ものだとよく心得ておく必要があります。

「仕事の中身（＝課題）を厳しく叱ってるだけだ」と思っていても、**受け取る側は「自分自身の人格否定」として捉えてしまうなんてことはよく**

※125　Simons & Peterson（2000）

あります。そう誤解されないように、相手を最大限に配慮し尊重した言い方となるようにしないといけません。

そして、**もしもあなたがそう誤解されることが多いというならば、もしかすると尊重と信頼に欠けたコミュニケーションを行っている可能性があります**。そのコミュニケーションの取り方から改めて見直した方が良いかもしれません。

[図8-3] **関係対立と課題対立とを切り分ける重要性**

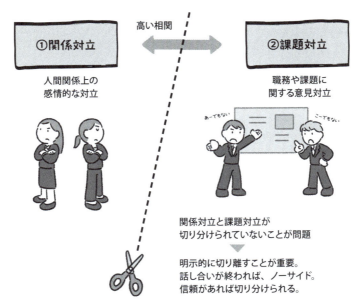

対策 ② 心理的安全性が高く、協力的なチームづくり

　課題対立をうまく機能させているチームとはどんなチームでしょうか。

　課題対立に関しては、「課題対立→チーム成果」の影響を左右する要因（調整要因と呼ばれます）を見つけ出そうとさまざまな研究が行われてきました。研究の結果、下記のようなチームでは課題対立のプラスの影響が見られていました。[126]

- **・心理的安全性が高い**[127]
- **・協力的な環境である**[128]
- **・メンバーが平均的に情緒的に安定していて、好奇心が強い**[129]
- **・対立を積極的にマネジメントしている**[130]

　まとめると、心理的安全性が高く協力的なチームでは、課題対立が良い結果をもたらす可能性が高いと言えます。

　つまり、喧々諤々とした議論が起こったとき、プラスの影響をもたらすには、**「たとえそれをやっても人間関係が崩れない」という強固なチーム基盤が必要です。**それが心理的安全性であり、協力的な環境です。人間関係が崩れない信頼があるチームが、先に説明した「切り分け」ができているチームだと言えるでしょう。

　逆に言うと、心理的安全性や信頼といったチームの土台がしっかりとしていない場合には、**喧々諤々とした議論が、その後ノーサイドで終**

※126　Greer & Dannals (2017)
※127　Bradley et al. (2012) Deng, Lin & Li (2022)
※128　Curhan, Labuzova, & Mehta (2021)
※129　Bradley et al. (2013)
※130　DeChurch & Marks (2001)

わらずに、結局のところ人間関係の対立に結びついて、**チームはギスギスしてしまいます**。課題対立は適切に導入しないと、チームをギスギスさせてしまう両刃の剣です。だから、導入の仕方には十分に気をつけないといけません。

なお、心理的安全性の高さと課題対立の研究[131] に関しては、次の章「心理的安全性」のところで図示した説明を行っています（228ページ）。また、協力的な環境の効果[132] に関しては、ブレイン・ストーミングの章で図示しながら説明しました（91ページ）。
そちらも改めてご覧ください。

「ウィン・ウィン」を目指して対立に取り組むのがカギ

ここまでの話では、対立そのものがどういうもので、どのような影響を及ぼすかについて説明してきました。

チーム成果への影響を考える上では、対立それ自体ももちろん大事です。しかし、それ以上にその**対立の発生に対してチームがどう対処するのかの方が影響が大きい**ということが示されています。[133]
世の中の至るところで、対立は発生するものです。だから、対立の発生それ自体を完全に防ぐ努力をするよりも、発生した対立に対してチームがどう対処するかの方が重要かつ有用です。

では、対立にはどう取り組むのがよいのでしょうか？

---

[131] Bradley et al. (2012)　　　　[133] DeChurch & Mesmer-Magnus (2013)
[132] Curhan, Labuzova, & Mehta (2021)

対立の解消に向けた考え方の根源は**「ウィン・ウィン」**の実現です。
これは「自分も win（勝つ、利益を獲得する）で、相手も win」、すなわ
ちお互い**ともに**利益や満足を得られた状態です。経済的・社会的な
実益のみならず、**心理的な満足も含めて、**両当事者が納得できる状態
を目指します。

　ウィン・ウィン解決の考え方の基本原理は「二重関心モデル」で説
明されてきました[134]。「二重関心モデル」とは、対立状態を解消す
るために、自分と相手という 2 つの次元から理解する考え方です。

第 1 次元：自分の関心

自分の利益や意見をどの程度
重視するかという軸です。こ
の軸では、自分の立場を守り、
自分の利益を最大限にするこ
とに焦点を当てます

第 2 次元：相手の関心

相手の利益や意見をどの程度
重視するかという軸です。こ
の軸では、相手の立場や利益
に配慮し、相手との関係を維
持することに重点を置きます

　二重関心モデルで理想とされる対処は、これら 2 つへの関心を高く
保ちながら対立に取り組むというものです。「協調方略」や「問題解決
方略」と呼ばれます。つまり、自分の利益を追求するとともに、相手
の利益も尊重していくということです。両者がウィン・ウィンな状態を
目指した取り組みをすることで、対立状態が解消されます。
　一方の関心だけを追求しても、対立解消にはつながりません。
　たとえば、自己の関心だけを追求すると、相手のことに配慮せず

※134　Rahim（1983）

利己的な意見だけを押し通す結果になり、対立は深まります。反対に、相手の関心事ばかりを重視して、自分が相手に服従すると、今度は自分のニーズが満たされず、不満が残ります。どっちの関心も満たすということが必要なのです。

多くの研究が、対立場面でこの両方をともに考慮した協調方略が対立の解消に効果的であることを示してきました[135]。**協力的でオープンな形で対立に取り組むことが**対立状態の解消に有効であることもメタ分析研究が示しています[136]。これは、**相手と自分の協力的な関係性を志向し、オープンなマインドで話し合うことの重要性**を示唆しているという点で、二重関心モデルが指摘するとおりの結果だといえます。

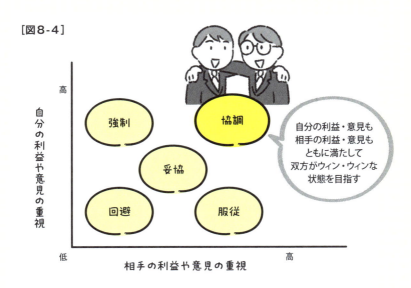

[図8-4]

※135　Gross, & Guerrero (2000); 大西 (2002); 藤森・藤森 (1992)　　※136　DeChurch & Mesmer-Magnus (2013)

また、交渉者どうしが協力的な関係を築こうとするときに、争いが少なく、より多くの問題解決に取り組め、より高い共同成果を達成できることも、また別のメタ分析から示されてきました※137。これも、二重関心モデルが示す協調方略の考え方と一致したものです。

当事者の「心の根底にあるニーズ」を把握すること

ウィン・ウィンな対立の解消を目指すためには、根底にあるニーズの理解が重要になります。

これを、紛争管理理論でよくあげられる例で考えてみましょう。

**家に1つしかオレンジがありません。
姉と妹はともに「そのオレンジがほしい」と主張しています。
2人とも半分ずつでは足りないそうです。**

さて、この対立状態をどう解決すればいいでしょうか?

主張だけをみると2人の欲しいものは真っ向から対立する相容れないものに見えます。このまま主張だけを見ていても解決は難しそうです。
そこで、**彼女たちがなぜそう主張するのかという「ニーズ」から理解**しようとするアプローチが有効です。

2人がなぜオレンジが欲しいのか、よくよく話を聞いてみたところ、

※137　De Dreu, Weingart, & Kwon (2000)

姉はオレンジジュースをつくりたいのに対して、妹はマーマレードをつくりたいことが判明しました。2人のニーズを踏まえると「姉には果肉を、妹には皮を分ける」という建設的な提案が生まれてきます。

[図8-5] **二者間の紛争解決の基本プロセス**

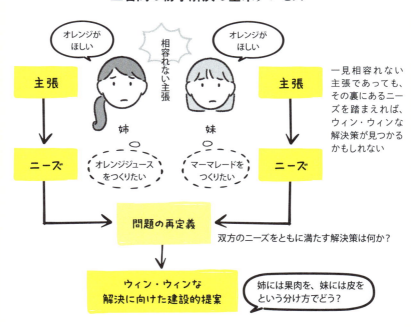

これによって、双方どちらのニーズも満たされるウィン・ウィンな解決が達成できました。

もちろんこれは理解するための架空の例であり、現実にはこれほどすっきりと解決されるわけではないでしょう。いささかご都合主義的

で単純化した例なのはたしかです。しかし、この例から学べることは、**表面上の主張にとらわれていても対立の解消は難しく、その背後にあるニーズを見極めることが対立を解消するためのカギとなる**ということです。

　表面だけ見ると「オレンジを1つほしい」という主張のように、お互いの主張はしばしば互いに相容れないものになりがちです。

　ここで必要なのは、その主張をなぜするのかという、本当に求めている深層のニーズを掘り下げていくことです。対立が起きたときには、**その主張の「背後のニーズは何か」までいつも深掘りして考えてみるクセをつけておくといいでしょう。**そうすれば、双方が折り合いをつけてともに満足できるウィン・ウィンな解決策が見つかることが期待できるのです。

対立は「ゼロサム」ではない
──ゼロサムバイアス

　ウィン・ウィンは対立解消のための基本原則です。

　しかし、**私たちはそもそも、このウィン・ウィンの概念を理解するのが苦手だ**ということも押さえておく必要があるでしょう。

　これは「ゼロサムバイアス」や「固定資源知覚」と呼ばれます[138]。ゼロサムとは、相手との利益と損失の総和（サム）が「0」（ゼロ）になる、いわば総量が限られた資源をお互いに奪い合う関係のことです。いわ

※138　Bazerman（1983）; Thompson & Hastie（1990）

ば「パイの奪い合い」の状態です。

　私たちは交渉や対立の状況ではつい次のように考えがちです。

> ・利益の総量は限られている
> ・相手が得（win）をすれば、私は損（lose）をする（ウィン・ルーズ関係）
> ・だから、争って相手から利益を奪うことで、
> 　自分の利益を確保しなければならない

　しかし現実には、対立関係であっても、**完全にゼロサムな関係とは限りません**。先ほどのオレンジの例のように、**ニーズを正確に理解すれば**、両者が満足できる解決策が見つかることがあります。

　働きかけや状況認識次第で、むしろ「プラスサム」、**つまりパイ自体を拡大させ、一方がプラスであると同時に他方もプラスになる状態をつくり出し、双方がウィン・ウィンとなる解決が可能となるのです。**

[図8-6]

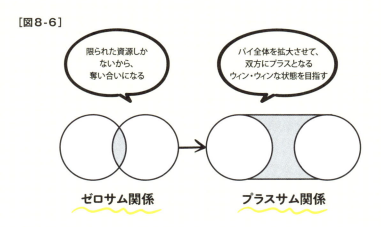

人間は自分中心にものを見てしまいがちです。だから、自分のニーズと相手のニーズが同じものだとつい思ってしまいます。「自分がオレンジの果肉の部分がほしい」ときには、「相手もオレンジの果肉がほしいに違いない」と推測しやすいものです。実は「相手はオレンジの皮だけほしかった」なんてなかなか気づかないでしょう。

　以上を踏まえると、

> ・自分が重視している点を、相手が重視しているとは限らない
> ・だから、相手との関係は1つのパイを奪い合うような
> 　ゼロサムとは限らない

ということを意識することは対立の解消の上で極めて重要です。

　そこに気づくことができれば、1つの争点を相手と自分とで奪い合う「ゼロサム」関係からパイを広げて「プラスサム」に持っていくことができ、双方ともにウィン・ウィンとなる状態を生み出すことができるのです。

対立嫌いの日本社会だからこそ
前向きに向き合うことが必要

　比較文化心理学の研究では、他の文化とは異なる日本特有のさまざまな特徴が指摘されてきました。その中でも、対立回避の傾向は最も特徴的なものの1つです。

　日本では対立場面で問題から目を背ける回避的な対処をしがちであることが指摘されてきました[139]。日本社会では争いごとに向き合

※139　藤森・藤森 (1992); Ohbuchi, & Takahashi (1994); Ohbuchi, Imazai, Sugawara, Tyler, and Lind (1997)

うこと自体が避けられる傾向があります。

　日常の些細な問題に対しては、いちいち指摘せず、ときには無視したり我慢したりすることも処世術の1つでもあるでしょう。**実際、日本では対立を回避することで、集団の協調性を維持するなどのポジティブな効果があることも示されています。**※140

　しかし、対立場面で回避を行うことは、実は問題解決には有効ではないという重大なデメリットがあります。※141**対立を回避し続けることの最大の問題は、問題が放置され先送りにされる点です。**表面上は対立などないように振る舞うことで一時的な平和は保たれるかもしれません。しかし本質的な問題解決を放置してしまい、長期的には事態を一層悪化させることにもなりかねません。

　したがって、私たちは対立が起きたときに、うやむやにして先送りすることなく、きちんと向き合って適切に対処することが重要となるのです。**対立は怖いものと思うかもしれませんが、それをうまくマネジメントすることができれば、逆に成長の機会にもなりうるものです。**それが課題対立の生産的な効果となります。

　この章では、対立のプラス面とマイナス面を述べながら、関係対立と切り分けること、信頼や心理的安全性の高いチームづくりを行う必要性、ウィン・ウィンを目指した対立解消方法の重要性について紹介してきました。知識を持ち、対立から目をそらさず、解決に向かおうとする姿勢を持つことから、解決の第一歩は始まります。

※140　Ohbuchi, & Atsumi (2010); 福野・土橋 (2015)　　※141　藤森 (1989); De Dreu (1997);

第 3 部
チームが直面する現代ならではの課題

9章

「ものを言える空気」が
チームの基盤

心理的安全性

心理的安全性は
「単なるはやり言葉」ではない

ここ数年、心理的安全性という考え方がたいへん注目を集めています。

本書に興味をお持ちの方であれば、心理的安全性という言葉はどこかで聞いたことがあるのではないかと思います。一方で、一過性のはやり言葉にすぎないと思っている人もいるかもしれません。しかし、心理的安全性はむしろチームワークにおいて、根源的な要素であることが近年の研究で指摘されています。

本章では心理的安全性の考え方に関して正しく理解し、何が重要でなぜ注目されているかを理解していきましょう。

心理的安全性とは

まず定義からいきましょう。
心理的安全性の学術的な定義としては、

「『対人的なリスク』のある行動を行っても大丈夫だとメンバーみんなが信じられる状態」

が代表的なものです。 ※142

ここでいう「対人的なリスクのある行動」というのは、

- 率直な意見を述べる
- 質問をする
- 間違いを指摘する
- 自分の間違いを認める
- 新しいアイデアを提案する
- 支援を求める

といったものがあげられます。

つまり、「**もしかするとまわりのメンバーから嫌われたり、バカにされたり、うとましく思われてしまうのではないか**」といったリスクが気になってしまうような行動です。

心理的安全性の高いチームとは、**こういう行動を実際にしたとしても、メンバーから疎外されることなく、受け入れてもらえるとみんなが信じられるチーム**だといえます。

昔からある別の言い方をすると、いわゆる「**気兼ねなく、ものを言える風通しの良い職場**」です。

そう言ってしまうと、特に目新しいものでもないと思うかもしれません。

実はそのとおりです。学術的にもすでに多くの研究が行われています。

それでもこれだけ注目を集めているというのは、やはり現代の会社でとても重要であること、それにもかかわらずなかなか実現できてい

※142　Edmondson（1999）

ないからなのでしょう。その意味で、心理的安全性への注目には、現代の世相が反映されているとも言えるのかもしれません。

Google「プロジェクト・アリストテレス」

ビジネスの現場で心理的安全性が注目されるようになったきっかけは、Google の社内研究「プロジェクト・アリストテレス」です[143]。『ニューヨーク・タイムズ』の記事で紹介されたことから、このプロジェクトはビジネス界で有名となりました。[144]

Google には優秀なエンジニアがたくさん在籍しており、たくさんのチームが形成されています。その中には、高い業績をあげられる優れたチームもあれば、一方でそれほど成果が上がらないチームもありました。メンバーとしてはみんな、有能な社員です。**なぜチーム間でこのような違いが生まれるのでしょうか?**

この疑問を解明すべく、Google は 2012 年に「プロジェクト・アリストテレス」と名づけられた研究プロジェクトを発足しました。

この研究では、学術論文を精査した上で、Google 社内の 115 のエンジニア系のプロジェクトチームと 65 の営業チームの、合わせて 180 チームを対象にインタビューやアンケート調査を行いました。

その結果、まず明らかとなったのは、**メンバー個人の性格やスキルだけを見ても、優れたチームの特徴は十分に理解できないということ**でした。

※143 Google re:Work　　　　　　　　　　※144 Duhigg (2016)

　同じようなメンバー構成でも成果があがるチームもあれば、そうでないチームもあります。**つまり、誰がチームのメンバーであるかは、チームの成功を説明する決定的な要因ではなかったのです。**

　では、何が効果的なチームを決定する重要な要因だったのでしょうか。
　このプロジェクトでは、チームがどのように協力しているか、つまりチームワークに関する要因が重要だと示されました。その中でも特に影響力が大きかった要因が、まさに本章でテーマとしている「心理的安全性」だったのです。
　心理的安全性という、**チームメンバーがリスクを取っても大丈夫だと感じられることこそが、**成功するチームをつくるカギとなることが示唆されました。

　このように、世界有数の企業である Google が本気で取り組んだ研究プロジェクトの中で「心理的安全性」が最も大事だと示されたことで、一躍ビジネスの世界で注目を集めることとなったのでした。

心理的安全性の学術研究

　とはいえ、心理的安全性は、もともと学術的にも注目されており、過去 20 年以上の間に多くの研究が行われてきたテーマです。研究で注目されていたからこそ、Google の社内研究でも光があてられて調査がなされたのです。

　歴史をさかのぼれば、組織心理学の大家エドガー・シャインらが

「ものを言える空気」がチームの基盤　**219**

1965 年にこの心理的安全性の概念を初めて提示しました。※145

　その意義はその後も認識され続け、現在の爆発的普及のきっかけとなったのは、1999 年にエドモンドソンによる心理的安全性に関する論文が刊行されたことです。※146

　この論文を皮切りとして、その後、心理的安全性の研究が多く行われるようになりました。Google のプロジェクト・アリストテレスもその 1 つだと言えます。

　2023 年に出版された研究の今後の展望を議論する論文では、「心理的安全性の研究は今では十分に成熟した」といったことさえ書かれています。※147

　もちろんすべてが分かったわけではなく、まだまだ研究が必要ですが、**そのくらい既にたくさんの研究がなされており、学術的にも重要視されている概念なのです。**

　現在では、心理的安全性はチームワーク研究における最も重要な概念の 1 つとなりました。2024 年に出版されたチームワーク研究の最近 40 年を振り返る論文の中では、チームワーク研究における代表的な進展は、心理的安全性の概念が導入されたことだと述べられています。※148

　このように、現在では「ビジネス現場」と「学術理論」が両輪となる形で、心理的安全性の有用性と重要性が明らかにされてきています。

※145　Schein & Bennis（1965）
※146　Edomondson（1999）

※147　Edmondson & Bransby（2023）
※148　Salas, et al.（2024）

心理的安全性がチーム学習を高める

　心理的安全性の高いチームでは、**チーム学習が適切に行われることが重要な特徴です**[※149]。心理的安全性は、チーム学習を高めることを通じて、チームのパフォーマンスやイノベーションを高めます（図9-1）。[※150]

　さて、**チーム学習とは何でしょうか**。それは、個人の学習とは少し異なるものです。個人の学習とは、個人が仕事に関する新たな知識やスキルを身につけ、成長していくことです。もちろんリーダーや先輩など他者からの影響を受けることもあります。**そこで身につける知識やスキルの主体は個人です。**

　一方で、**チーム学習とは「集団全体が学ぶ」**ことを指します。ここで肝となるのは、コミュニケーションを通じた**集団内での情報共有と議論**です。**集団内で相談・議論し、失敗や予期せぬ結果を話し合いふりかえる中で、もちろん個々のメンバーが、そしてさらにはチーム全体として、さらに大きく成長を遂げること。**これがチーム学習です。

　心理的安全性が、ものを言えるチームの土台として機能することを、これまで述べてきました。これがあることにより、通常であれば話しにくいような失敗も適切にチームで共有してふりかえり、率直な意見を言いながら喧々諤々と議論することを通じて、チーム学習が促進されます。

※149　Frazier et al. (2017); Sanner & Bunderson (2015)　　　※150　Edmondson & Lei (2014)

一方で、心理的安全性が確保されていないチームでは、適切に情報交換がなされず、議論も表面的なものとなってしまいます。そうするとチーム学習がうまくいかず、社会の変化から取り残されるチームとなってしまうでしょう。

　もう1つ重要なこととして、創造性やすばやい理解が求められる複雑な職務を行う場面では、心理的安全性とチーム学習および成果との関連性がさらに強くなることがメタ分析から示されています[151]。いわば、**高度な専門知識や経験を必要とするような仕事**でこそ、心理的安全性はチーム学習や成果を向上させる基盤になるのです。

　チーム力を高める4階建ての構造（6章、図6-3）でも、最上階に位置するのがチーム学習でした。単に短期的な成果を追求することに留まらず、より長期的な視点でイノベーションを生み出し、高い成果を続けて達成するためには、高い心理的安全性を土台として、チ

[図9-1] **心理的安全性の集団プロセス**

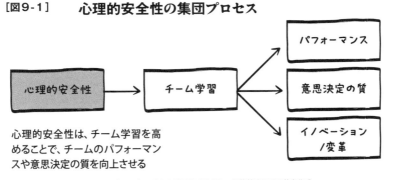

Edmondson & Lei (2014) をもとに一部抜粋する形で著者作成

---

[151] Sanner & Bunderson (2015)

ーム全体で学習し、成長し続けていくことが必要なのです。

心理的安全性が高いチームは
「ミスが多い」？？

　チームに潜む問題点を見つけ出してチームが学習し成長していくという点で示唆に富む研究を1つ紹介します。※152

　心理的安全性研究の第一人者、エドモンドソンが大学院生のときに行った病院での調査研究です。この研究が、心理的安全性の意義に気づくきっかけとなりました。

　エドモンドソンは、看護師や医師などの病院スタッフを対象にアンケート調査を行いました。この調査では、チームごとのリーダーシップや対人関係のよさなど、いわば優れたチーム度合いを測定し、**これとチームごとの医療ミスの頻度との関連性を検証しました。**

　読者の方は、「優れたチームほど、医療ミスが少ないだろう」と思われるかもしれません。エドモンドソン自身も分析前まではそのように予想していました。

　しかし、分析の結果はまったく逆のことを示していました。

優れたチームほど、ミスが多く報告されていました。

　優れたチームなのに、ミスが多い？　これは一体なぜなのでしょうか？

※152　Edomondson (1996); Edmondson (2019, 翻訳 2021)

「ものを言える空気」がチームの基盤　**223**

一見すると変に思うかもしれませんが、実はミスそのものが実際に多いのではありません。**優れたチームでは、ミスが隠されずにきちんと報告されているということを示していました。**ミスがきちんとチーム内で共有されており、それを学びの材料として次の失敗を防ぐための学習がチーム全体で行われていたのです。

　逆に言うと、問題あるチームは、ミスが起きても放置や隠蔽がなされ、きちんと失敗に向き合いません。そんなチームでは、同じ失敗が再び繰り返されることでしょう。

　エドモンドソンは、さらに研究を進め、その後の現場観察やアンケートでの自由回答、さらにはインタビューから、ミスについて率直に話せるかどうか、つまり心理的安全性がチームごとに大きく異なっていることに気づきました。どうやら心理的安全性が、チームが学習し、高い成果をあげていくためのカギとなる要素のようです。

　これを踏まえ、行われた次の研究では、エドモンドソンはオフィス家具製造会社の51チームを対象に、心理的安全性の効果を直接的に検証する研究を行いました※153。その結果、心理的安全性がチーム学習やチーム成果に大きく影響することが確認されました。この研究を契機として、心理的安全性は一躍脚光を浴びるようになり、学術研究だけでなく現場実践においてもキーワードとなっていったのです。

※153　Edmondson（1999）

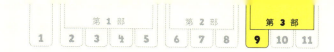

心理的安全性は「ぬるま湯」ではない

　読者の中には「ウチの会社は1つのミスが命取りになるような厳しさが必要な会社だから、心理的安全性のようなぬるい考えではダメだ」といったことを思った方もおられるかもしれません。

　ここは誤解されることが多いところなので、改めて指摘したいのですが、**心理的安全性は仲良しこよしの「ぬるま湯」状態ではありません。**
　むしろ厳しさが求められる組織でこそ、心理的安全性が必要となります。

　「ぬるま湯」や「なれあい」のチームは短期的には居心地が良いかもしれません。けれどそれでは成果はあがらず、目標となる業績を達成できません。また、ミスをして事故を起こすなど、顧客や社会に迷惑や損害を与えてしまう恐れもあります。それは望ましいチームの状態とは呼べず、心理的安全性の高いチームとは別物です。

　真に心理的安全性の高いチームでは、ぬるま湯どころか、ときに厳しい意見も飛び交います。率直に発言しても大丈夫だという心理的安全性が確保できているからこそ、メンバーは率直に意見を言うことができるためです。逆に、その風土がチームにない組織では、自分の意見を言わず押し黙ってしまうことが多いでしょう。
　心理的安全性がチームにあってはじめて、メンバーは率直に自分の意見を述べながら議論を行い、失敗から学習することができるチームとなっていくのです。

ここでもう1つ注意すべき点は、「厳しく異論を述べること」というのが、**偉い人からの一方通行ではあってはならない**ということです。立場にかかわらず、双方向で議論ができることが重要となります。ときには上の立場の人に対しても、**問題や誤りがあれば、それを遠慮せず率直に進言することができる**チームをつくっていかなくてはいけません。

　下の立場からの進言は、ときには未熟さからくる誤解であることもあるでしょう。しかし、それをただ上から叱りつけると、萎縮(いしゅく)するだけです。チーム学習にはつながっていきません。今後その人は自分の気づきや疑問を尋ねなくなってしまうでしょう。また、大半は未熟な指摘であっても、その中には本当に誰も気づかなかった問題点を指摘していることもあるかもしれません。普段から侮って聞く耳を持たなければ、大事な指摘を見落としてしまうことにもなりかねません。

[図9-2]　　心理的安全性　≠　「なれあい」「ぬるま湯」

「ぬるま湯」チーム　　　　　　　学習するチーム

「なれあい」や「ぬるま湯」になっては、居心地がよくても成果は上がらない

率直な意見が言える。言っても排除されない
→厳しいコメントや反対意見も歓迎される
→失敗も許されるから挑戦できる

心理的安全性の高い職場では、意見を戦わせるほど成果があがる

　これまで説明してきたとおり、心理的安全性は、しっかりと議論を深めるために欠かせない要素です。実際に、心理的安全性が確保されたチームでは、課題対立があるチームほど成果が高いということが報告されています※154。対立（8章）のところでも少し紹介しましたが、大事なところなので改めて詳しく紹介しましょう。

　8章で説明したとおり、チーム内の意見の対立（課題対立）はチームにプラスに働くことも、マイナスに働くこともあります。意見を戦わせてしっかり議論することはプラスの効果を生むのですが、一方でこれが人間関係上の不和を引き起こせばマイナスとなってしまいます。

　このプラスの影響とマイナスの影響の両面のうち、どちらが優位となるかによって、チームの成果が向上するか、低下するかが変わります。その分岐点となるのが心理的安全性の有無です。

　この研究では、117のプロジェクトチームを対象に調査を行い、心理的安全性の高さによって、課題対立が及ぼす影響のプラス・マイナスが入れ替わることを示しました（図9-3）。**つまり、意見の対立が良い結果を生み出すかどうかは、心理的安全性があるかどうか次第だったのです。**

　心理的安全性の高いチームでは、課題対立が高いほどチームの

※154　Bradley et al. (2012)

成果が高いというプラスの結果が見られました（図9-3の上ルート）。これは心理的安全性がきちんと確保されているので、メンバー同士が自由に意見を戦わせて、しっかりと議論を深めることができた結果、チーム成果が高まったと理解できます。

しかし、逆に心理的安全性の低いチームでは、課題対立が高いほどチーム成果が低くなるマイナスの影響が見られました（図9-3の下ルート）。心理的安全性が低いチームでは、意見の食い違いが、そのまま人間関係の対立に陥ってしまい、チームがうまく回らなくなるのでしょう。チーム成果を悪化させてしまうのです。

[図9-3] **心理的安全性があれば、意見をしっかり戦わせることでチーム成果が高くなる**

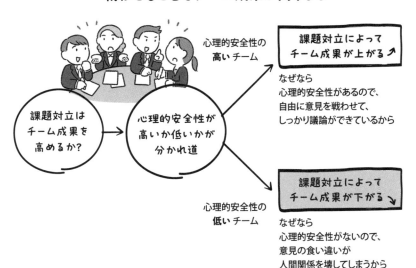

心理的安全性が確保でき、適切にチーム内で率直な意見を受け入れることができているチームでは、しっかり議論を戦わせることができ、成果や創造性を高めることが期待できます。

みなさんの職場でも、メンバーどうしで意見が対立する場面はあるでしょう。意見の対立にはメリット・デメリットがともにあるのですが、それを活かすも殺すも心理的安全性次第なのです。

日本でこそ心理的安全性が高い職場に価値がある

ここまで心理的安全性に関して議論してきましたが、日本は心理的安全性がそもそも低いのではないかと思われた方も多いかと思います。

私もおそらくそうだと考えています。 組織での心理的安全性の程度を直接的に国際比較した研究は現時点で見当たらないのですが、**日本の組織文化の特徴からすると、心理的安全性は一般的にあまり高くないと思われます。**

日本は対立を回避することが多いことが指摘されています（詳細は8章「対立」212ページ参照）。日本の会社では、自分の意見を言わずにみんな押し黙っていることが多いでしょう。

しかし、この沈黙は対立を避けようとしているだけであり、多くの人が腹の底では異論や不満を持っています。これでは心理的に安全な職場とは言い難いでしょう。

比較文化研究でも、日本の文化的特性として、社会や集団の規範

「ものを言える空気」がチームの基盤

229

からの逸脱を望ましく思わず※155、不確実であいまいなことを嫌う傾向※156があることが指摘されています。8章「対立」でも述べたとおり、日本では表立って対立することが好まれず、対立は回避されがちでもあります。こうした社会では、自分ひとりが人と異なる意見を口に出すことへの抵抗感は一層強いでしょう。

　以上を考えると、日本では心理的安全性が諸外国よりも低い、少なくとも高くはないと考えられます。しかし、心理的安全性が低いからといって、心理的安全性が不要な社会だというわけではありません。むしろ、心理的安全性のベースラインが低い日本の会社だからこそ、心理的安全性を高めることがより求められるのだとも言えるでしょう。

　視点を変えて考えてみると、日本ではライバル社を含めて、心理的安全性があまり高くない会社だらけだといえます。

　心理的安全性が高く構築された組織をつくることができれば、それは他社よりも一歩先に進んだ組織をつくれているとも言えます。

　一歩先を目指すためにこそ、心理的安全性、なのです。

※155　Gelfand et al. (2011)　　　　　※156　Hofsted, Hofsted, & Minkov (2010, 翻訳 2013)

心理的安全性をどう高めるか？

　それでは、心理的安全性はどう高めたらよいのでしょうか？　まずお伝えしたいのは、心理的安全性は**一朝一夕に高められるものではない**ということです。

　行動自体は比較的すぐにでも変えられます。フランクなランチ・ミーティングを定期的に開催する、進捗が滞って困っているメンバーに声がけをして状況をチーム全体で共有するなど、ハードルの高低はあれども行動を変える実践自体は可能です。

　一方で、心理的安全性は、**組織風土の一種であり、メンバー全員が共有している心理状態**です。「このチームでは率直な意見を述べても大丈夫そうだ」とメンバーみんなが思えることを、いきなり今日から早速始めてみるといったことはできないのです。

　たとえば、パワハラ課長がいきなり思い立って「今日から自由にものを言ってもいいぞ。どんどん言え」と、心理的安全性の変化を促す発言をしたとしましょう。しかし、これではうまくいかないのは明らかです。それまでの行いから考えて、実際に意見を言っても大丈夫だということを疑う人が多いでしょう。

　つまり、**具体的な行動とは違って、１つ何かをすればすぐに心理的安全性が確保できるわけではない**のです。

　それでも、チーム風土の変化はメンバーの行動の変化から生じるものです。**行動を少しずつ変えていく中で、心理的安全性の中長期的な変化を期待する**という形で対処しないといけません。そのためのや

リ方として2点ほど具体的に紹介します。

1 常日頃から支援的な行動を取る

これまでの多くの研究に基づいて心理的安全性の効果を整理して調べた論文[157]では、「支援的（supportive）」という言葉が繰り返し出てきます。**支援的なリーダーシップ行動**[158]**や、周囲のメンバーや組織から支援されること**[159]**が、心理的安全性における最重要要因です。**

また、ソーシャルキャピタル（社会関係資本）と呼ばれる社会的な支援や人間関係のつながりをつくることも重要な役割を担うことが指摘されています。[160]

つまり、**常日頃から、上司・部下・同僚など関わる集団メンバーすべてがお互いを助け合い、支える関わりあいを行っていく中でチームの心理的安全性は育まれるといえるでしょう。**心理的安全性は、一度だけ支援的な行動を取ればできあがるというものではありません。日常的に支援的な行動を行いつづける中で、チームの中に少しずつ心理的安全性が醸成されていくのです。

我々のグループが行った実践研究でも、電気製品メーカーの開発チームの方々を対象に、先読みして対応をする行動（プロアクティブ行動と言います）を醸成する取り組みを、6ヶ月にわたって行ってもらいました[161]。具体的には、毎週定例でチーム活動の改善策を対話してもらう「ダイアログ」の実施や、リーダーとメンバーが1対1で対話を

※157　Frazier et al. (2017); Newman et al. (2017)
※158　Carmeli et al. (2010); Bienefeld & Grote (2014)
※159　Carmeli, & Zisu (2009); Carmeli, Brueller, & Dutton (2009); Singh, Winkel, & Selvarajan (2013)
※160　Carmeli (2007); May, Gilson, & Harter (2004)
※161　山口・縄田・池田・青島 (2019)

行う1on1などを6ヶ月間継続して実施してもらいました。**チームの中で、対話し支援し合う機会を増やすというのがこの活動の肝です。**

その結果、取組みを行わなかった他の51チームでは全体に心理的安全性がやや低下する傾向が見られていた一方で、取組みを実施した6チームでは心理的安全性の向上が見られました。

心理的安全性の構築は、やはり一朝一夕にできあがるというものではなくて、**数ヶ月以上の時間をかけて、地道にコミュニケーションを積んでいくことが必要なのです。**

2 失敗に対して、価値の転換を行う

次に、チーム内にどんな価値観があれば、自由に意見が出しやすくなるかという観点から考えていきましょう。

これまでお話ししたとおり、心理的安全性が効果的となる理由は、チーム学習が高まるからです。そして、**チーム学習が最も進展するのは、チームが失敗したときです。**しかし、心理的安全性がないときには叱責の恐れや恥ずかしさからなかなか失敗は共有されず、むしろ隠蔽されがちです。

こうした背景には、**失敗に対する価値観の違いがあります。**多くの人は「失敗はあってはならないこと」「失敗は嫌だ」とつい感じてしまうでしょう。しかし、失敗は学びの契機にもなる価値ある機会であり、この教訓を活用することこそが、チームの成長へとつながります。

つまり、心理的安全性が高く、率直に意見を言い合えるチームづくりのためには、チーム全体として**「失敗＝学習する機会」だという新たな価値観をチーム全体で育てることが必要なのです。**

「ものを言える空気」がチームの基盤　**233**

実際に、心理的安全性の実証研究では、心理的安全性の高いチームほど、失敗から学習する程度が高いことが繰り返し指摘されています。[162]

失敗を嫌だといくら思っていても、大なり小なり、遅かれ早かれ、失敗は起きるときには起きます。問題を先送りした結果大きくコケて複雑骨折してしまう前に、すばやく小さくつまずいて、次にはコケない術をチームで見つけていくことが重要なのです。**つまずきは「すばやく小さく」というのがミソです**。再起不能なコケを経験する前であることが必要です。

エドモンドソンは、失敗の中でも特に**「知的な失敗」の重要性を指摘しています**[163]。知的な失敗とは、失敗に終わってしまったが、意義ある実験として起きるものであり、新たな貴重な情報やデータを提供するものを指します。

いわば、リスクを冒して新たな挑戦をする際についてまわる種類の失敗であり、これを機会にチームにさらなる飛躍をもたらすものです。つまり、これは「良い失敗」なのです。

このようにリスクを冒して新たな挑戦をするときの「知的な失敗」を大切にすることが重要です。

チームがさらなる高みを目指し、「転んでもただでは起きないチーム」になるためには、失敗は有用だということをチーム全体の価値観として共有することで、問題やミスを指摘し合うことができる、心理的安全性の高いチームを目指すことが必要なのです。

※162　Carmeli & Gittell (2009); Hirak, Peng, Carmeli, & Schaubroeck (2012)
※163　Edmondson (2012, 翻訳 2014)

10章

ダイバーシティ時代の
チームづくり

多様性

多様性といわれる前から、そもそも社会には多様な人々が暮らしている

　第3部「チームが直面する現代ならではの課題」の2つ目として、この章ではチームにおいて**「多様性」が果たす役割**について、考えていきましょう。

　最近、「多様性」は、しばしば英語のまま「ダイバーシティ」というカタカナ言葉で使われています。政府や企業が「ダイバーシティ推進」を掲げ、専門部署や委員会を立ち上げるなど、社会で広く重要性が認識されつつあります。

　一方で、実際に「ダイバーシティ」の意味をはっきりと理解している人は意外と少ないかもしれません。

　ダイバーシティという言葉から「女性の活躍推進」のイメージを連想する人もいると思いますが、それは多様性の一部に過ぎません。多様性には、性別だけでなく、国籍、民族、年齢、障害の有無、スキルや職種など、さまざまな要素が含まれます。こうした**「人それぞれ、みんな違ってさまざまである」**ことを扱うのが、多様性です。

　多様性が注目されている背景には、社会と企業の環境が時代ととも

に大きく変化していることが挙げられます。

　かつての企業は、均質性が高く、似ているメンバーから構成されていました。「日本人、男性、正社員」の人たちが、新卒一括採用で入社し、年功序列で年齢が上がるごとに昇進と昇給をしながら、終身雇用制度で退職まで働く。このように会社には似たような社員ばかりがいました。

　しかし、もはや企業は「日本人・男性・正社員」だけで成り立つ時代ではなく、女性、外国人、高齢者、障害や病気を持つ人、時短勤務をする人といったように、多くの人々で構成されています。したがって、こうした多様なメンバーを組織内で包摂（インクルージョン）しながら活用し、誰もが力を発揮して活躍できるような組織づくりが今の時代には求められています。

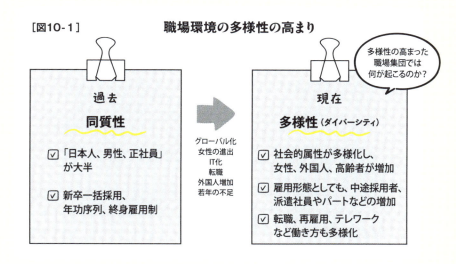

[図10-1]　職場環境の多様性の高まり

ここで注意すべき点として、単に多様性の推進は社会的なトレンドだから従った方がいいというのではありません。

　そもそも社会は、さまざまな人から構成されています。**社会の潮流がどうであれ、もともとそうだったのです**。それにもかかわらず、これまで、マイノリティは社会の周辺に追いやられ、無視されてきました。こうした社会から排斥されがちだったマイノリティの存在を認め、多様な人たちの活躍を促していくことは、現代の社会環境では非常に重要です。

　そのためにも、**私たちは多様性が高まった集団では具体的に何が起こり、どのような影響が生じるのか**を理解しないといけません。

　この章では、多様性が組織やチームにもたらす影響について集団研究の視点から詳しく説明していきます。

そもそも多様性とは何が多様なのか?

　では、まず多様性とは何を指すのかを改めて考えてみましょう。

　多様性とは、字義どおり「さまざまである」こと、つまり「**集団の中にさまざまな人が含まれ、メンバー一人ひとりが違っている程度**」を意味します。
　ただし、「多様性」の中にも異なる次元が存在します。多様性自体も多様なのであり、どの点で多様なのかを整理することが必要です。多様性を整理する次元の代表的ものとして、「**デモグラフィックな多様性**」と「**職務関連の多様性**」の２つを紹介しましょう。 ※164

1 デモグラフィック（人口統計学的）な多様性

　これは、個人の社会的な属性である、**性別、年齢、国籍・民族・人種**といった多様性です。比較的目に見えやすいものでもあります。

　一般に思い浮かべられる多様性のイメージに最も近いでしょう。仕事の内容とは直接的には関連しないものが大半です。たとえば、さまざまな国籍のメンバーがいるグローバルチームでは国籍多様性が高いといえます。また、性別が男女同数ずついるチームは性別多様性が高いといえます。

2 職務関連の多様性

　これは、スキルや職種、教育背景など、仕事に直接関連する個人の特性に関する多様性です。これはチームや組織の成果にも影響するものです。たとえば、マーケティングの専門家、エンジニア、デザイナーがそろったチームは、職務関連の多様性が高いチームだといえます。

　多様性を単に「さまざまな人がいる」と捉えるのではなく、「どのような点からさまざまなのか」を理解することが必要です。

　たとえば、多国籍のメンバーからなるチームは、国籍多様性が高いチームです。一方で、もしもこのメンバーが全員男性であれば性別多様性は低いチームとなります。**どの切り口から見ているかによって多様かどうかは変わり、**チームに与える影響はさらに複雑なものとなります。

　この本では、多様性の詳細な違いについて深く掘り下げることはし

※164　Joshi & Roh（2009）; van Knippenberg & Schippers（2007）

ダイバーシティ時代のチームづくり　**239**

ませんが、まずは**多様性がさまざまな次元を持っており、切り口自体も多様である**というところを押さえておいてください。

[図10-2]　　　　　　　　**多様性の切り口も多様**

①デモグラフィック　　　　　　②職務関連の多様性
（人口統計学的）な多様性

　　性別　　　　　国籍・民族　　　　　　　スキル

　　年齢　　　　　　　　　　職種　　　　教育背景

チームの多様性には、光と影の両方がある

チームに多様性があるとチーム成果にどう影響するのでしょうか？

チームの多様性に関しては、大きく2つの観点から研究がなされてきました。[※165]チーム多様性の光の側面を扱う「**①情報資源アプローチ**」と、影の側面を扱う「**②社会的分断アプローチ**」です。

この2つは相反する影響を想定しています。「①情報資源アプローチ」は多様性がプラスの影響をもたらすと説明するのに対して、「②社会的分断アプローチ」は多様性がマイナスの影響をもたらすと説明します。それぞれの影響が生じるプロセスを見ていきましょう。

1 情報資源アプローチ【多様性の「光」】

まずは、多様性が持つ「光」の面は、**知識・スキルの増加**です。多様性があると、情報面での利点が指摘されます。

異なる背景を持つメンバーが集まることで、その分だけチームの中には情報や専門スキル、知識、視点が含まれることになります。このことは、**より熟慮した議論とコミュニケーションが行われ、優れた意思決定や高い創造性につながります**。

※165　Williams & O'Reilly (1998); van Knippenberg, De Dreu, & Homan (2004); van Knippenberg, Nishii, & Dwertmann (2020)

たとえば、異なる国の文化や言語に精通した外国人メンバーが加われば、日本人のみからなる集団では得られなかった、新たな視点やアイデアが生まれ、クリエイティブな解決策を見つけることができます。

❷ 社会的分断アプローチ【多様性の「影」】

一方で、多様性が持つ影の面は、**チーム内で人間関係の対立が増えるという点です**（人間関係上の対立がチームに悪影響をもたらすことは8章参照）。

集団の中に異なる価値観や文化的背景を持つ人が集まると、意見の不一致や人間関係の摩擦が生じやすくなります。このことがチームワークやチーム成果を下げてしまうことが考えられます。

たとえば、それまで日本人男性だけで構成されていた均質なチームに、外国人や女性が加わり多様性が増すとします。その分だけメンバーごとの価値観やスタンスが異なるために、折り合いがつかず、対立する場面が多くなるのです。

特に問題になりやすいのが、集団の中に断絶が生じ、複数のサブグループ（下位集団）**に分裂して対立してしまうことです**。たとえば、8人のチームが「50代以上の年長の男性4人」と「30代以下の年少の女性4人」に分かれて対立するといった場面です。

こうしたサブグループへの分裂は、特に悪影響が大きいことが繰り返し示されてきました。断層理論（フォルトライン）として研究が行われています。※166

このように、多様性のマイナス面としては、関係対立を増やすことを通じて成果や満足度が下がってしまうことがあげられます。

[図10-3] 多様性の光と影

メリット
チームの中に含まれる
知識・スキル・視点が増える

デメリット
分断が起きやすく
人間関係の対立が増える

①情報資源アプローチ（光）

②社会的分断アプローチ（影）

結局、多様性はチームにとってプラスなの？ マイナスなの？

　このようにチームの多様性の研究では、チーム内に情報やスキルが増えるプラスの影響と、対立が増えるマイナスの影響があるという、2つの異なる観点から研究がなされてきました。
　さて、それでは結局、総論として**多様性はチームにとってプラスなのか、マイナスなのか**というのが気になりますよね。

※166　Lau & Murnighan (1998); 内藤 (2023)

こうした疑問に対する答えを確認するには、この本でも繰り返し紹介してきたメタ分析が有効な手段です。確認してみましょう。

　実は、チーム多様性の効果を検証したメタ分析はたくさん行われてきたのですが、どうも結果がはっきりとしません。[167]

　多様性の切り口ごとに結果は若干異なるのですが、全体に関連なしという結果が多くなっています。多様性とチーム成果の関連を調べた研究のうち、6割はプラスでもマイナスでもなく関連なしだったことも指摘されてます[168]。関連が見られた研究でも関連性の強さ自体が低く、かつ個別の研究ごとに効果のプラスマイナスの方向性が違うようです。結果として、一貫した明瞭な関連性を見出すまでに至っていません。

　そのため、多様性の研究者たちは、多様性がもたらす影響を単純に「良い」もしくは「悪い」と断定することに懐疑的です。現在、プラス影響とマイナス影響を分ける分水嶺となる要因を探しているところですが、それでもかなり影響は小さそうだという印象は拭えません。

　つまり、「多様性が良い」もしくは「多様性が悪い」といったシンプルな示唆を得るのはむずかしいのです。
　そのため、ここでは複雑な議論に深入りするのではなく、ひとまずは**「全体として多様性の明確な影響は、プラスでもマイナスでも見られない」**という結論に留め、話を先に進めたいと思います。

---

[167]　Joshi & Roh (2009); Roh, Chun, Ryou, & Son (2019); van Dijk, van Engen, & van Knippenberg (2012); Webber, & Donahue (2001)
[168]　Joshi & Roh (2009)

多様性には、メリットもデメリットもあることを知って使いこなそう

重要なのは、多様性は**両刃の剣**だという点です。多様性の光と影の2面それぞれの過程が妥当であることは、また別のメタ分析でも示されています※169。どちらもあるからこそ、全体としてはプラスでもマイナスでもなかったといえます。

そのため、この両刃の剣を適切に使いこなすことが求められます。メリット・デメリットがあるということは、多様性への基本的な対処方針は、「**①知識やスキルが増える**」というメリットは最大限に活用しながら、一方で「**②人間関係の対立が増える**」ことのデメリットを最小限に抑えることです。一言で言えば、対立を避けながら、多様な視点やスキルを活かすということです。

言葉にすると簡単に聞こえますが、ダイバーシティを組織で生かす上では、まずはこの両刃の剣であるという認識から、一歩目を踏み出すことが不可欠です。

※169 Roh, Chun, Ryou, & Son (2019)

では、多様性と
どう向き合うか

　繰り返し述べますが、私たちの社会はそもそも多様性に富んだものです。これが大前提です。**それから目を背けず、いかにして組織の強みに変えていくのかが、組織にとっての重要な課題です。**

　多様性のメリットを活かすには、単に多様なメンバーをチームに集めるだけでは不十分です。多様性そのものは全体としてはプラスでもマイナスでもありません。だから、**多様性を高めること自体を目的とするのではなく、多様性にどう向きあい、どう扱うかこそが重要**となります。

　これは、「対立」の章で触れたポイントとも似ています。対立そのものが起こす結果に注目することも確かに重要なのですが、この対立にどう対処していくのかがさらに重要だと説明しました。多様性についても同じです。私たち自身が多様性とどう向きあうかこそがカギとなるのです。

　では、適切な多様性への向き合い方とはどのようなものでしょうか。

　ここでは、多様性を活かす上で、特に重要な2つの視点を紹介します。**1つは、①包摂性（インクルージョン）の促進**であり、**もう1つが、②多様性が良いものだという信念を持つこと**です。

1）包摂性（インクルージョン）の促進

　最近は「ダイバーシティ」だけではなく、「ダイバーシティ&インクルージョン」という言葉もよく使われるようになりました。日本語では「多様性と包摂性」と訳されます。
　なぜこの2つがセットで語られるのでしょうか。

　多様性（ダイバーシティ）とは、さまざまな属性やスキルを持つ人々がチームに含まれている状態でした。言い換えると、多様性はチーム内のメンバーの「数や割合」を指します。
　一方で、包摂性（インクルージョン）は、これら互いに異なる背景を持つメンバーが**受け入れられ、認められているかどうか**に焦点を当てています。いわば、多様な人を「統合して受け入れる」ことが包摂性です。※170

　集団では、少数派に当たるメンバーが排斥されて孤立してしまいがちです。たとえば、「日本人・男性・営業畑出身」ばかりの職場では、外国人や女性、技術畑出身者は肩身を狭く感じ、いつも自分がどこかよそ者扱いされて受け入れられていないように感じることが多いでしょう。
　こうした少数派の人たちも集団の中に包摂していくことが、多様なメンバーが、能力を十分に発揮するために必要となるのです。

　結局これまでの話とつながってくるのですが、**多様性の増加だけでは、人間関係上の争いばかりが増える可能性もあります**。こうなると、チームの調和を損ね、機能不全に陥ってしまうかもしれません。

※170　Roberson（2006）

だから、「多様性」だけにとどまらずに、「包摂性」までセットにした「ダイバーシティ＆インクルージョン」が求められています。すなわち、多様性が高いチームを優れたチームにしていくためには、すべてのメンバーが受け入れられ、価値を認められるような包摂性の実践が組織にとって不可欠なのです。

　では、包摂性の高い集団とはどのような状態でしょうか。

　職場集団の包摂性には大きく2つの要素があります。「所属感」と「独自性」がともに満たされた状態が包摂性だとされます。※171

　つまり、メンバーに対して**「集団に受け入れてもらえている」**かつ**「ありのままの自分でいてもいいのだ」**という感覚を与えているのが包摂性の中核的な考え方です。

　ここに「ありのままでいい」という独自性が含まれているのがポイントです。多様性が高い集団では、メンバー一人ひとりが個性豊かでそれぞれ異なる特徴を持っています。この独自でバラバラな個性を、ありのままに集団に受け入れて認めていく視点が包摂性です。

　ともすると、私たちは、集団の一員になることを「集団に合わせて各人の個性を殺すこと」と誤解しているかもしれません。しかし、それはすでに時代遅れの考え方であり、現代社会では、むしろ抑圧的な悪影響さえもたらすことも考えられます。現代では、「個人のありのままを集団として認めていく」姿勢が求められており、このことが創造性やチームワークへとつながっていくのです。

※171　Shore et al. (2011)

[図10-4] 職場の包摂性の２つの面

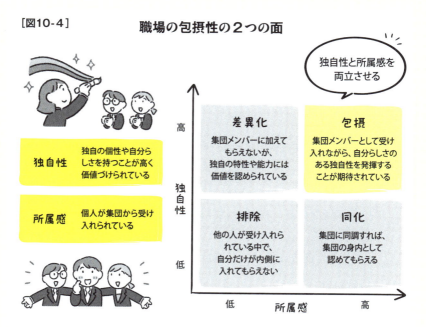

「ありのままの独自の個人が、集団から受け入れられる」という包摂性の考え方は、一見すると綺麗事や理想論にすぎないと感じる人もいるかもしれません。

しかし、実際の研究データで検証してみると、包摂性の高い状態を実現できているチームほど、高いパフォーマンスをあげています。アメリカの組織で働く従業員を対象にした調査では、包摂性を高く感じた人ほど、他者への支援や創造性、職務成果が高いことが示されました[172]。また、メタ分析からも、包摂的な組織風土があることは、組織のポジティブな結果と結びついていることが示されてきました。[173]

---

[172] Chung et al. (2020)　　　　[173] Mor Barak et al. (2016); Holmes et al. (2021)

綺麗事や理想論は、実現できれば組織や個人にとって良い状態です。現実の壁はなかなか分厚く、つい斜に構えたくなるときもあるかもしれません。しかし、実現に向けて努力する過程にも意味があるはずです。職場を一歩ずつでもそこに近づけていくことが大切です。

2）多様性が良いものだという信念を持つ

　もう1つとても大事な視点があります。**「多様性には良い効果があると信じること」** が、**実際にもチームに良い結果をもたらす**というものです。 ※174

　これは多様性信念や向多様性信念と呼ばれ、チームのパフォーマンスを高める重要な要素です。

　もちろん多様性のデメリットである対立の生じやすさを無視していいという意味ではありません。そうした困難さも理解した上で、それでもなお多様性の価値を活かせるのだという強い信念がチームの強みとなるのです。

　「多様性なんて悪いことばかりだ」と否定的な見方をする人ばかりが集まった組織では、うまくいかないでしょう。多様性のポテンシャルを引き出すためには、多様性は良いもので、そのメリットを生かすのだとメンバー自身が"腹落ち"していないといけないのです。

※174　van Knippenberg, van Ginkel, & Homan（2013）

多様性信念の影響に関する実験研究

　多様性に対する信念の影響を調べた実験を1つ紹介しましょう。※175
　この実験では、男女2人ずつの4人集団が、砂漠で遭難したという想定の下、生き残るために必要なアイテムを選ぶという集団意思決定の課題に取り組みました。

　このとき、実験では、多様性に関する信念を2つの条件に分けて設定しました。
　「多様性が良い」信念条件では、「性別が多様なグループの方が、性別が均質なグループよりも、意思決定課題でより良い成果をあげ、優れた集団過程となる」という研究結果をあらかじめ参加者に読ませました。
　残り半分の、**「均質性が良い」信念条件**では、反対に「性別が均質な集団の方が多様な集団よりも良い」という研究結果を読ませました。これによって、前者の参加者は「多様性が良い」という信念が強まり、逆に後者の参加者たちは「多様性が良い」という信念が弱まりました。

　その上で、一人ひとりが違う知識を持っている、メンバーの知識の多様性が高いという状況をつくりあげ、それが意思決定にどう影響するかを調べました。すると、次のような実験結果となりました。

　「多様性が良い」信念条件、つまり、多様性に良い影響があるという

※175　Homan, van Knippenberg, Van Kleef, & De Dreu (2007)

信念を強められたグループでは、メンバーごとに違う知識を持っている多様性の高い状況で、**しっかりと熟慮することができる**ようになり、より優れた意思決定を行うことができました。

一方で、**「均質性が良い」信念条件**、言い換えると、多様性には悪い影響があるという信念を強められたグループでは、メンバーが違う情報を持っているという多様性の高い状況では、むしろ**反対に熟慮ができなくなり、劣**った意思決定を行ってしまいました。

この研究はとても示唆的です。

単に多様性が存在するだけでは、自動的に好ましい結果がもたらされるわけではありません。カギとなるのは、多様性がプラスをもたらすとチームメンバーが信じていることです。**多様性に対する信念が、多様性がチームのパフォーマンスを向上させるか、低下させるかを左右する重要な要素なのです。**

この実験以外にも、多様性に対するポジティブな信念があることによって、多様性がチームワークやパフォーマンスに及ぼす影響が良いものとなると報告されています。[176]

多様性が良いという信念を持つことは、多様性が持つ負の影響である「人間関係上の対立」を弱める効果も期待できます。なぜならば、**多様性が良いという信念を持つ人ほど、多様性を「チーム内の分断の**

---

[176] Hentschel, Shemla, Wegge, & Kearney (2013); van Knippenberg, Haslam, & Platow (2007); van Dick, van Knippenberg, Hägele, Guillaume, & Brodbeck (2008)

原因」と見なすのではなく、単に人に違いがあるだけだと認識するためです。※177

　社会現象では、人々が信じていること自体が、その後本当に社会の変化を引き起こすということがあります。これは**予言の自己成就と呼ばれる現象**です。まさに**多様性でも、予言の自己成就が起きます**。多様性を肯定的に受け入れることで、実際に多様性を生かすことができ、社会をより良い方向へと導くことが可能となるのです。

世界では、多様性がポジティブに捉えられるように変化している

　多様性を肯定的に捉える態度は、先進諸国では当たり前となりつつあります。

　ピュー・リサーチ・センターが行った調査によると、2017年から2021年のわずか4年間で、**調査した9つの先進国すべてで、人々が多様性をポジティブに見る傾向が強まっていました**※178。多様性には価値があると信じる集団では、実際に多様性のポジティブな影響が生まれます。そのため、先進諸国では、多様性をポジティブに評価する時代の変化とともに、「多様性が良いと信じることで、実際に良い成果が生まれる」という好循環がますます進むことが期待できます。

　ただし、残念なことに、**調査対象の9カ国中、日本は多様性をポジティブに捉える人の割合が最も低い国**でした。この日本での否定的な認識は、多様性が持つポジティブな影響を引き出す上での足かせにもな

※177　Pew Research Center（2021）　　　　※178　Homan, Greer, Jehn, & Koning（2010）

ダイバーシティ時代のチームづくり　**253**

りえます。

とはいえ、**他国と同様に日本でも、この4年間で多様性をポジティブ
に見る程度は高まっているのも確かです。**日本ではよくあることです
が、海外の動向から遅れを取りながらも、それでも少しずつ多様性をポ
ジティブに捉えていく流れは進んでいます。
　この歩みをとめることなく、多様性をポジティブに捉え、その強みを
活かす社会風土を日本国内につくり上げていくことが求められます。

[図10-5] 　　**各国の多様性を肯定的に見ている程度**

	2017年	2021年
イギリス	75%	85%
オーストラリア	80%	85%
スウェーデン	73%	78%
スペイン	67%	76%
ドイツ	65%	71%
オランダ	50%	62%
韓国	53%	59%
ギリシャ	21%	45%
日本	**24%**	**39%**

> どの国でも多様性を
> 肯定的に見るように
> 変化している

> 多様性を肯定的に見ている
> 程度は先進諸国9カ国の中
> で**日本が一番低い。**
> それでも他国と同様にポジ
> ティブに変化はしている

※「民族、宗教、人種など異なる背景を持つ人が多くいると、住んでいる地域がより良くなる」に肯定的に回答した人の割合
（Pew Research Center,2021より著者作成）

「面倒な多様性」としっかりと向き合って受け入れていくことが必要

　多様性が増すと、職場では面倒なことが少し増えます。

　特に、自分が多数派に属している場合には、自分といろんな点が「違う」人が職場に入ってくるわけです。たとえば、中堅の日本人男性からすると、自分たちとは違う女性・外国人・障害者・若者がチームの一員に加わってきます。自分にとっての当たり前が必ずしも通用せず、居心地が悪く感じるかもしれません。

　しかし、面倒だとしても、多様性は今の社会の現実そのものです。繰り返しですが、長らく均質性が高いとされてきた日本社会も含めて、社会は実際に多様なのです。

　これまで社会の多様性があること自体が表に現れなかったのは、**マイノリティの存在が見えないよう社会の周辺に押しやられて、見過ごされてきたからです。**

　現代の組織に求められることは、この社会の多様性の実態から目を背けず、しっかりと向き合い、受け入れていくことです。

　ここで重要なのは、寛容さをもって組織やチームの中に人々を包摂していき、**「多様性の高いチームでこそ優れた成果が生み出されるのだ」と信じられるような組織風土をつくりあげていくことです。**これによって、多様性の高い集団が、広く社会からも賞賛され、高い成果をあげる創造性に富んだチームへと成長していくことでしょう。

　結局のところ、多様性は生かすも殺すも、私たち次第なのです。

第 3 部

11 章

テレワークは効率が悪い……のか？

テレワークとバーチャルチーム

テレワークのチームは
うまくいくのか？

　　最近の職場の心理学研究においてもっともホットなテーマの1つが
テレワーク（もしくはリモートワークともいいます）です。

　　かつてはオフィスに出社して働くのが一般的でした。しかし現在で
は、テレワークという自宅やカフェなどからPCとインターネットなど
のICT（情報通信技術）を利用して仕事を行う新たな働き方が生まれまし
た。現在では在宅勤務とも同義に使用されています。

　　このテレワークによる仕事は、チームワークや生産性にどのような
影響をもたらすのでしょうか？

　　テレワークだとなかなかチームがうまくいかないのだという声をよく
聞きます。一方で、**これまでの研究は、実はテレワークがチームワーク
を単純に悪化させるわけではない**ということを示しています。
　　これは一体どういうことでしょうか。

　　この章では、テレワークでのチームワークに関して、バーチャルチ
ーム研究の知見に基づいて、テレワークがもたらす新たなチームの働
き方の可能性を考えていきます。

日本のテレワークの実際

　まずは、日本でのテレワーク普及の近年の流れを確認しましょう。

　もともとテレワークは日本では、2018年の「働き方改革」関連法の施行の中で注目されるようになりました。国民の多様化するライフスタイルを豊かにし支援するという観点から、テレワークは特に仕事とプライベートの両立（ワーク・ライフ・バランス）を支える有効な手段として捉えられてきました。

　たとえば、在宅勤務を行うことで、オフィスへの通勤時間が減り、家事や子育て、介護といった家庭生活に柔軟に対応できるようになります。**実際にテレワークはワーク・ライフ・バランスにポジティブな効果があることが国内外ともに多く報告されてきました。**[179]

　しかし、日本では法的な整備がされたにもかかわらず、テレワークの導入は遅れていました。そんな日本でテレワークが一気に普及するきっかけとなったのは、2020年の新型コロナウイルス感染症の流行です。感染対策としての外出自粛要請を受け、多くの企業がテレワークに移行しました。

　たとえば、ある調査では、正社員のテレワーク実施率は2020年1月には6％だったところから、緊急事態宣言が全国に発出された4月半ばには25％まで大幅に増加していました。[180]

　読者の方の中にも、この時期にテレワークを始めた方や、その頻度

※179　Gajendran & Harrison (2007); 金井 (2021)　　　※180　大久保敏弘・NIRA総合研究開発機構 (2022)

が急増した方も多いでしょう。

その後、ワクチンの普及や感染状況の改善により、出社勤務への揺り戻しも見られて、2020年のコロナ禍1年目よりもテレワーク実施率は低下しました。[181]

しかし、まったく元どおりということはなく、従業員側のテレワークに対する満足感や継続意図は高く[182]、コロナ対策としてだけではなく、今後の社会に必要な働き方の1つとして定着しつつあります。

さて、それではテレワークは職場にどのような影響をもたらすのでしょうか？

テレワークのメリットとしては、通勤時間の削減による労働時間の有効活用やオフィス維持コストの削減などがあげられます。一方で、デメリットとしては、**孤独感の増大や、上司による効果的なマネジメントの難しさ、自宅での適切な作業環境の必要性**などがあげられます。

特にこの本は職場集団のチームワークに関する本ですので、**「テレワークはチームワークにどう影響するか？」**という点を中心に紐解いていきましょう。

テレワークではコミュニケーションがうまくいかない……のか？

テレワークにおけるチームワークを考える際に、しばしば耳にするのがコミュニケーションの難しさです。

一般的には、「オンライン越しだとコミュニケーションが不十分にな

※181　後藤・濵野 (2021); 総務省 (2021)　　　　※182　後藤・濵野 (2020, 2021); 総務省 (202`)

る」ことがテレワークを取り巻く悩みのようです。

　実際に、コロナ禍の国内で行われたアンケートでは、テレワークの問題点として、コミュニケーションがうまくいかないことがもっともよく同意されるものでした。[※183]

　テレワークを行う人がこう思っているということは、数々の研究でも、同様に見られます。テレワークによるコミュニケーションの量の主観的認識には「変化なし」という回答が多く見られる一方で、「減少した」という回答の方が「増加した」という回答よりも多く見られるというのは一貫した傾向のようです。[※184]

　このような感覚は多くの方が経験していることかもしれません。

　確かに、テレワークではチームメンバーが物理的に離れています。出社して対面していれば、その場でぱっと話しかけて質問や相談ができるものが、メールしたりオンライン会議アプリを立ち上げたりと、ひと手間かかります。また、仕事中の姿がお互いに見えないために、今の仕事の進捗に問題はないか、何か困ってはいないかといった相互の状況把握が不十分となりやすいでしょう。

　急に始まったコロナ禍でのテレワークには、多くの方がずいぶん苦労されたことだと思います。

　しかし、テレワークの実証研究は、意外な結果を示しています。

※183　後藤・濱野（2020）; 脇坂（2022）
※184　江夏他（2020）; 加藤・佐々木（2022）; 仁昌寺・比嘉（2021）; 脇坂（2022）

実証研究からは
「リモート＝チームワーク悪化」ではない

以上の話はあくまでも主観的認識による「**悪化"感"**」の話です。

「テレワークでチームワークが悪くなったか」を尋ねても、それは「みんな悪化したと思っている」ことしか分かりません。実際に悪化したかは別かもしれません。つまり、実際に悪化したかどうかを確認するためには、「テレワークが多いチームほど、チームワークが悪い」とか、「テレワークを始めたチームでは、チームワークが前より悪化する」ということが実際に起きているかを検証しないといけません。

ここでは、特に2つの研究を確認していきます。

1つめは、チームワーク研究の研究領域の1つであるバーチャルチーム研究です。もう1つは、コロナ禍で行われたテレワーク研究です。
これらの研究知見を見ていくと、実はテレワークがチームワークを必ずしも悪化させる**わけではない**ことが分かります。

主観的な感覚と実証研究の知見が食い違っているこの部分は、直観的にピンときにくいと思いますので、少し丁寧に見ていきましょう。

⒈ 組織現場のバーチャルチームでは悪影響は低い

まず、チームワーク研究の中の1つの領域に、「バーチャルチーム研究」というものがあります。

バーチャルチームとは、物理的に離れた場所にいるメンバーが、PCやインターネットを活用して連携して働くチームのことです。まさに在宅テレワーク環境で働くチームは、このバーチャルチームに他なりません。

バーチャルチームという考え方は、個人用PCやインターネットが職場や家庭に普及し始めた1990年代後半に誕生しました。その後、IT技術の飛躍的な進展とともに、バーチャル環境でのチームや業務が増え、この分野の研究も広がりを見せています。

では、バーチャルチームは、対面チームと比べて効果的なチームワークが発揮できるのでしょうか？

研究によると、実は、現実の組織環境では、バーチャルチーム度合いがチームワークにもたらす効果はプラス・マイナスともに確認され、**全体としては明瞭な効果はないことが指摘されています。**[185]
2022年に出版されたバーチャルチームに関するメタ分析の結果を見ましょう[186]。人工的につくった実験室での実験のような環境ではバーチャルチームがチームワークを悪化させる関連が確かに見られました。その一方で組織現場の調査研究では悪化させるような負の関連は見られませんでした。

これはつまり、

組織現場では、バーチャルチーム度合いが高くなっても、チームワークやチーム成果にプラスでもマイナスでもない。

※185 Purvanova (2014); Purvanova & Kenda (2022); Ortiz de Guinea et al. (2012)
※186 Purvanova & Kenda (2022)

テレワークは効率が悪い……のか？　　**263**

ということを示しています。

バーチャルチームが良いわけでもないのですが、悪いわけでもないのです。

さきほど紹介したように、コミュニケーションがうまくいかないことは、テレワークのデメリットとして、現場からは繰り返し指摘されることでした。それにもかかわらず、バーチャルチームはチームワークに明白な悪影響をもたらさないという研究結果です。これはどういうことなのでしょう。

「バーチャルを通じたチームはうまくいかない」という一般的な印象と、研究上の実証知見が食い違っているという点で、研究者自身もまだ頭を抱えているところで、「**バーチャリティの逆説**」とも呼ばれます。[187]

この点は、後ほどのチーム・バーチャリティの2側面の切り分けのところでより詳しく見てみましょう。

② コロナ禍の突然のテレワーク対応

日本国内のコロナ禍のテレワーク実施の影響を調べた研究でも、チームワークや生産性の悪化が明瞭に見られるわけではないようです。

その1つに、コロナ禍で私たちが行ったある電気機器メーカーの研究開発チームを対象としたチームワークの調査があります。[188]

この調査は、実はもともとコロナ禍のテレワークの影響を調べる目的で実施したものではありません。2回のチーム力診断を行ったタイ

---

[187] Purvanova & Kenda (2022)　　　　　　[188] 縄田・池田・青島・山口 (2021)

ミングの間でちょうど、日本のコロナ禍の始まりである第1回緊急事態宣言（2020年4月）がありました。

　つまり、偶然ながら、コロナ禍の始まりである2020年4月の第1回緊急事態宣言を挟む1月と5月での、チームワークの前後の変化を調べることができたのです。

　166名から成る22チームのデータを分析した結果、もともとはゼロだったテレワークが急速に導入されたこれらのチームにおいて、**チームワーク指標は全体として変化が見られず、ほぼ横ばいとなっていました。テレワークに移行しても、チームワークの指標は低下していなかったのです。**

　こうした結果は、私の事前の予測とは逆でした。
　このデータ分析を行った時点では、私自身もまだバーチャルチーム研究の知識が不十分だったので、コロナによりいきなり想定外のテレワークで働くことになったならば、チームワークは悪化しただろうと素朴に予測していました。
　しかし、実際のデータは違って、コロナ前後の比較で悪化しませんでした。そのときは奇妙に思ったのですが、これはバーチャルチーム研究の知見と一致したものだと言えます。

　とはいえ、これはあくまでも私が調査対象としていた1企業22チームに限られた話であるとも言えます。これだけでは心もとないところです。これ以外の研究も紹介しましょう。

　コロナ禍のテレワークが負の影響をもたらすならば、「テレワークの

頻度が高い人ほど、コミュニケーションや生産性が低い」という負の相関関係が見られるはずです。しかし、各種調査結果を見ても、この負の関連性はほぼ見られません。コロナ禍で調査された研究では、テレワーク頻度と生産性知覚に正の関連[189]、もしくは、関連なし[190]という研究が大半でした。

さらに、海外の研究を見ても、テレワークの悪影響はあまり報告されていません。

たとえば、コロナ禍以前に調べた海外のメタ分析でも、テレワークが多いほど、組織成果や生産性、組織コミットメント、離職意図、職務満足度が高いという正の関連が見られています。[191]

もしくは、コロナ禍以降に10カ国以上の国で行った研究に関するテレワークと生産性の関連性の系統的レビュー論文でも、大半が生産性にプラスの影響を報告しています。[192]

以上の議論から、現時点での研究知見を総括するならば、

主観的認識としては、テレワークによってチームワークやコミュニケーションが下がっているように感じている人が多い。

しかし、実際にはテレワークが必ず悪化させるわけではなさそう。

というものだと言えるでしょう。

※189 髙橋 (2022)
※190 江夏他 (2020)
※191 Gajendran, & Harrison (2007); Harker Martin, & MacDonnell (2012)
※192 Anakpo, Nqwayibana, & Mishi (2023)

テレワークには良い面と悪い面があり、それらが相殺しあっている

さて、そうすると次なる問いは、「素朴な印象とは異なり、なぜテレワークは悪影響をもたらさないのか?」になります。

その答えの1つとして、私たちの研究は**バーチャルチームにはプラスとマイナスの両面があり、これらが相殺しあう**可能性を指摘しています。

ここまではバーチャルチーム度合い(チーム・バーチャリティ)を単一の概念として見てきました。しかし、この中を大別すると2つの要素があります[※193]。**①地理的分散**と**②テクノロジー利用**です。そして、この2つは逆向きの効果を持つのです。

①地理的分散

メンバー同士が地理的に離れて働く度合いを指します。メンバー全員が在宅勤務のチームは、地理的分散が非常に高いチームです。もしくは、営業職でオフィスの外に出ることが多い場合や、同じオフィスでも**主な作業場所が別々の部屋**となっている場合には、出社勤務中心でも地理的分散が高いチームだといえるでしょう。

最近はフリーアドレスと呼ばれる、固定席ではなく、ノートパソコンなどを持ち運びながら自由な席で働くオフィススタイルも増えています。これも固定席よりはやや地理的分散が高いといえます。

以上のような地理的分散は**チームワークにマイナスの影響**があります。

※193 Gibson & Gibbs (2006); Gibson et al. (2014)

②テクノロジー利用

これはパソコンやスマホなどの情報通信技術 (ICT) を利用して、メンバー同士がコミュニケーションや連携を行っている程度のことを指します。たとえば、チャットでの意見交換、オンライン会議システムを通じたミーティング実施がテクノロジー利用になります。**これはチームワークにプラスの影響があります。**

私たちの研究では、567 名の個人データおよび、3 企業 53 チームのデータをもとに、このバーチャルチーム度合いである①地理的分散と②テクノロジー利用がチームワークとどう関連しているかを調べました[194]。それぞれ 2020 年のコロナ禍以降に収集されたデータです。

分析の結果、まず、テレワークを行っている人やチームほど、①地理的分散も②テクノロジー利用もともに高い傾向が見られました。当然ながら、テレワークでは、チーム・バーチャリティの 2 つの要素はともに促進されていたと言えます。

次にチーム・バーチャリティの 2 つの要素がそれぞれチームワークとどう関連しているのかを検討しました。

その結果、**①地理的分散が高いほどチームワークは低い**というマイナスの関連が見られました。特にコミュニケーション面でマイナスの関連性が強く見られていました。やはり、メンバー同士が物理的にバラバラな場所にいると、コミュニケーションは取りにくく、チームワークがやや下がってしまうようです。

一方で、**②テクノロジー利用に関しては、それが高いほどチームワー**

※194　縄田・池田・青島・山口 (2023)

[図11-1]

Q なぜバーチャルチームではチームワークが悪化しないのか？

A バーチャルチーム度の2つの面を分解することが必要。それぞれが逆向きの影響があるので、テレワークの効果は相殺される

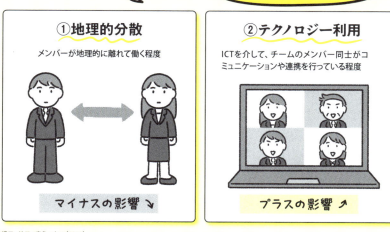

①地理的分散
メンバーが地理的に離れて働く程度
マイナスの影響 ↓

②テクノロジー利用
ICTを介して、チームのメンバー同士がコミュニケーションや連携を行っている程度
プラスの影響 ↑

縄田・池田・青島・山口（2023）

クが良いというプラスの関連が見られました。現代の職場環境では、テクノロジーをしっかりと駆使してメンバー同士が連携を取りながら業務にあたるチームほど、良いチームワークが発揮できるのだと言えます。

つまり、**①地理的分散はマイナス影響、②テクノロジー利用はプラス影響**となっていました。

これらのプラスとマイナスが相互に相殺し合い、全体としてはテレワークがチームワークに特に影響を及ぼさないという結果になりました。

さらに興味深い結果として、個人データの分析結果からは、テクノロジーを利用することにより、緩和効果が見られていました。テクノロ

ジー利用が高いチームでは、地理的分散のマイナス影響が軽減されていたのです。

　つまり、しっかりとチームでテクノロジー利用ができているなら、地理的にメンバー同士が離れた場所にいても、チームワークは悪化しにくいのだと言えます。テクノロジーを通じたチームワークというと、対面よりもうまくいかないように思うかもしれません。しかし、テレワークでも対面と遜色ない働きが見られていたのです。

　以上をまとめると、私たちはテレワークが持つチームワークへの影響を考えるときには、

① 「地理的分散によるコミュニケーション不全」 というマイナス影響

② 「テクノロジー利用によるオンラインの適切な活用によるチームワーク改善」 というプラス影響

　という相反する側面があることをきちんと押さえておきましょう。そして、これらは相殺しあうので、テレワークは全体としてはチームワークにプラスでもマイナスでもないのです。

　バラバラな場所にいること自体は、特に日常的なコミュニケーションをやはり低下させてしまいがちです。**一方で、それはオンラインツールを適切に使うことで補完しうるものなのかもしれません。**

　もともと **ICT はコミュニケーションを促進するためのツールです。**ICT ツールをしっかりと活用することで、直接顔を合わせずとも、高いレベルのチームワークを発揮できるようにしていくことが求められます。

[図11-2] テレワークがチームワークにもたらすプラスとマイナス

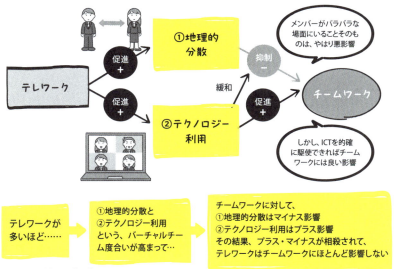

縄田・池田・青島・山口 (2023)

バーチャルチームでは、信頼を高めることが特に重要

　バーチャルチームでは特に**信頼**がチームワークの発揮に大きな役割を担うことが指摘されてきました[195]

　信頼とは、自分の弱い部分も含めて相手にゆだねてもいいと感じられることを指します。「この人には私のことを任せても大丈夫」と感じられる。**そんな信頼できる相手であれば、困難な局面でも協力しあ**

※195　Breuer, et al. (2016); Hacker et al. (2019); Swart et al. (2022)

うことができます。一方で、「この人には任せられない」ような信頼の欠けた相手と協力し合うのは難しいでしょう。

そもそもチームメンバー間で信頼を構築することは、バーチャルや対面にかかわらず、チームワークでは重要な役割を担っています[196]。つまり、信頼はチームワークやチーム成果を高めるものです。

そして、この信頼がチームワークやチーム成果を高める影響の強さが、対面チームと比べてバーチャルチームではより一層強くなることがメタ分析から示されています。[197]

バーチャルチームであればこそ、チーム信頼の構築が特に重要となるのです。

バーチャルチームでは、各メンバー同士が普段直接は顔を突き合わせることなく、仕事の大半を行っていきます。だからこそ、お互いの技能や仕事へのコミットメントを信じ、ゆだねてたくす信頼が必要となるのです。

その一方で、バーチャルチームは、対面チームよりも信頼構築がより一層難しいのもたしかでしょう。たとえば、**交渉場面ではコンピュータを通じたコミュニケーションでは、対面の場合よりも信頼が低いことが示されています。**[198]

オンラインを通じたコミュニケーションには制限があります。対面と比べると、他者の感情や状況を把握しにくいため、相手を信頼しにくく、協力しあうことのリスクを高く感じてしまうかもしれません。また、

※196　De Jong, Dirks, & Gillespie (2016)　　　　※198　Lu, Kong, Ferrin, & Dirks (2017)
※197　Breuer et al. (2016)

オンラインでのコミュニケーションの特性上、返答の遅れや情報の見落としも発生しやすくなります。

さらに、**オンラインでは特に雑談が減り、対面であれば自然と築かれるインフォーマルな対人関係が、バーチャルチームではなかなか形成されにくいという課題もあります。**

つまり、バーチャル環境では、信頼を確保することが対面よりもそもそも難しい状況なのです。しかし、逆になかなかできないからこそ、**バーチャルチームにおける信頼の価値がより一層高いのだとも言えます。**

バーチャルだけに固執せず、対面での交流でも信頼関係をつくることが有用

では、バーチャルチームで信頼を構築するにはどうすればいいのでしょうか。

重要なのは、**バーチャルチームの運営は「100％バーチャル」である必要はない**という点です。

特に信頼構築がむずかしいのはチームを形成する最初の時期です。この段階では対面で交流をしてもらい、メンバー間が信頼を持って一対一でつながっていくことの重要性も指摘されています。 ※199

つまり、バーチャルの良い面と対面の良い面とを適切に組み合わせて活用することがバーチャルチームのマネジメントのポイントです。

※199　Swart et al. (2022)

バーチャルだけに固執するとうまくいかないでしょう。この点は、後ほど改めて議論しましょう。

もう一点覚えておいていただきたいこととして、信頼は時間をかけて構築するものだという点です。ある実験結果では、確かにチームを形成してすぐの1週目には、対面よりもチャットを通じたバーチャルな場面では信頼や協力が低いのですが、3週目になってある程度時間がたてば、その差は小さくなっていました。[200]
バーチャルはだめだとすぐに放り出すのではなく、時間をかけて信頼を構築していくことは可能かつ重要だと言えます。

ここまでの議論は、本書で繰り返し出てきた心理的安全性とも深くつながる視点です。「信頼」は個人が持つ心理状態を指しますが、心理的安全性は集団全体に備わる状態を指します。[201]
したがって、チーム全体で相互に信頼が醸成された状態は、心理的安全性が高い状態と類似していると言えます。バーチャルチームでも、心理的安全性はカギとなる考え方なのです。

バーチャルチームは特別なものではなく、チームの1つのあり方

もう1つ重要な視点は、バーチャルチームを単なるチームの一形態として捉えた方が良いというものです。バーチャルチームは今や特別な存在ではありません。これを今までの働き方とは特別に違う何かだと思い込んでいてはうまくいかないでしょう。

バーチャルチームという言葉は、なんとなく近未来を想像させるも

※200　Wilson, Straus, & McEvily (2006)　　　　　　※201　Edmondson (2012, 翻訳 2014)

のです。

しかし、実際には、せいぜいビデオ会議やチャットツール、クラウドサービスを使った仕事の進め方に過ぎません。これらの ICT ツールは最初は少しとっつきにくいかもしれませんが、慣れると便利なものです。こういう新しく出てきた便利なツールを使って、チームを円滑に連携しながら業務を進めればよいでしょう。

バーチャルチームが示す「未来」は、実は特別なものでもなんでもありません。

これまでの職場と同様に、いつもの同僚や上司と、オンラインも駆使しながら協力して働く。

ただそれだけのことなのです。

チームワークの研究におけるチームワーク全体の過程の中では、バーチャルチーム度（チーム・バーチャリティ）はチーム設計（チームデザイン）の一要素として位置づけられています。[※202] つまり、バーチャルチーム度合いはチームワークの影響を左右する一要素ではありますが、チームのプロセスそれ自体の中核要素としては扱われていません。逆に言うと、チームワークの中核的な過程はバーチャルであれ、対面であれ同じだとも言えます。

バーチャルチームだからといって、チームワークの本質が抜本的に変わるわけではないのです。

※202　Marlow, Lacerenza & Salas (2017); Hoch & Kozlowski (2014)

テレワークは効率が悪い……のか？

そして、ハイブリッドなチームワークを

　繰り返しですが、組織現場での調査研究ではテレワークやバーチャルチームは少なくとも明確な悪影響をもたらすわけではないことが確認されています。

　もちろんテレワークで働く現場の方の尽力と試行錯誤のたまものであることは間違いないのですが、テレワークに移行したチームは意外にもそれなりに効率よく機能している可能性が高いのです。

　デジタル化が進む社会的な変化の中で、**現代では「出社 or テレワーク」という二分法で働き方を捉えること自体がもう時代遅れです。**対面とオンラインのメリットを活かすハイブリッドなチームワークが求められています。どちらが優れているのかを競うのではなく、場面に応じて最適な仕事の進め方を選択することがカギとなります。

　バーチャルチームは、**従来の対面だけではフォローしきれない細やかなコミュニケーションおよび情報共有と記録ができる手段として有益です。**

　対面もバーチャルも両方の「いいとこ取り」で場面に応じて最適な働き方を模索することが、これからのチームワークにおいて不可欠となるでしょう。

おわりに

　ここまで「集団」をカギとして組織を理解する旅をご一緒いただきました。

　現実の職場も人間も一筋縄ではいかないものです。本書が示してきた理論や概念とは違い、現場はもっと複雑で多様な要因が絡み合っているのは間違いありません。
　それでも今後きっと、本書で紹介したものと似たような場面に直面することもあるはずです。
　そのとき、「これはあの本で読んだものだ!」と気づけば、困難な状況にも少し冷静に向き合うきっかけになるのではないでしょうか。
　そして、「原因は何なのか、どう対処すればよいのか」を振り返り、解決のヒントを得ていただけたならば、著者としてたいへん嬉しく思います。

　ここまでずっと「集団とは……」と大上段から語ってきましたが、実を言えば、私自身はそもそも集団を得意としているわけではありません。むしろ一人で原稿を書いたり、データを分析したりするのを好む、研究者かたぎの人間です。

心理学者としては典型的なのですが、集団のことがよく分からないからこそ、その謎を解き明かすべく集団の研究を続けてきました。

　だからこそ、本書は、集団が苦手でうまくいかないと感じる方にとっても、役立てていただける内容になったのではないかと思っています。

　好きであれ嫌いであれ、私たちは「社会的動物」であり、誰もが集団生活から逃れることはできません。

　そうであれば、集団の酸いも甘いも噛みわけてうまく乗りこなしていきたいものです。

　私たちがどう働きかけるかで集団は変わり、そして私たち自身もまた変わっていきます。

　働く「みんな」をどう作っていくかは、「みんな」次第なのです。

　この本を読まれたみなさまの職場が

「だけどチームがワークしない」

　から、

「だからチームがワークする！」

　に少しでも近づけることを心より願っています。

縄田 健悟

引用文献

●2章

Baron, R. S. (2005). So Right It's Wrong: Groupthink and the Ubiquitous Nature of Polarized Group Decision Making. In *Advances in Experimental Social Psychology* (Vol. 37, pp. 219–253). Elsevier.

Beal, D. J., Cohen, R. R., Burke, M. J., & McLendon, C. L. (2003). Cohesion and performance in groups: A meta-analytic clarification of construct relations. *Journal of Applied Psychology*, *88*(6), 989–1004.

Bernthal, P. R., & Insko, C. A. (1993). Cohesiveness without groupthink: The interactive effects of social and task cohesion. *Group and Organizational Management*, *18*(1), 66–87.

Choi, J. N., & Kim, M. U. (1999). The organizational application of groupthink and its limitations in organizations. *Journal of Applied Psychology*, *84*(3), 297–306.

Dimitroff, R. D., Schmidt, L. A., & Bond, T. D. (2005). Organizational behavior and disaster: A study of conflict at NASA. *Project Management Journal*, *36*(2), 28–38.

Edmondson, A. C. (2019). *The fearless organization: Creating psychological safety in the workplace for learning, innovation, and growth*. Hoboken, New Jersey: John Wiley & Sons.（エドモンドソン, A. C. 野津智子（訳）(2021). 恐れのない組織：「心理的安全性」が学習・イノベーション・成長をもたらす 英治出版）

Esser, J. K. (1998). Alive and well after 25 years: A review of groupthink research. *Organizational Behavior and Human Decision Processes*, *73*(2–3), 116–141.

Esser, J. K., & Lindoerfer, J. S. (1989). Groupthink and the space shuttle Challenger accident: Toward a quantitative case analysis. *Journal of Behavioral Decision Making*, *2*(3), 167–177.

Flowers, M. L. (1977). A laboratory test of some implications of Janis's groupthink hypothesis. *Journal of Personality and Social Psychology*, *35*(12), 888–896.

Grossman, R., Nolan, K., Rosch, Z., Mazer, D., & Salas, E. (2022). The team cohesion-performance relationship: A meta-analysis exploring measurement approaches and the changing team landscape. *Organizational Psychology Review*, *12*(2), 181–238.

Hodson, G., & Sorrentino, R. M. (1997). Groupthink and uncertainty orientation: Personality differences in reactivity to the group situation. *Group Dynamics: Theory, Research, and Practice*, *1*(2), 144–155.

Janis, I. L. (1982). *Groupthink Psychological studies of policy decisions and fiascoes (2nd ed.)*. Boston: Houghton Mifflin. （ジャニス, I. L. 細江達郎（訳）(2022). 集団浅慮 新曜社）

Leana, C. R. (1985). A partial test of Janis' groupthink model: Effects of group cohesiveness and leader behavior on defective decision-making. *Journal of Management*, *11*(1), 5–17.

Moorhead, G., Ference, R., & Neck, C. P. (1991). Group decision fiascoes continue: Space shuttle Challenger and a revised groupthink framework. *Human Relations*, *44*(6), 539–550.

Mullen, B., & Copper, C. (1994). The relation between group cohesiveness and performance: An integration. *Psychological Bulletin*, *115*(2), 210–227.

Neck, C. P., & Moorhead, G. (1995). Groupthink remodeled: The importance of leadership, time pressure, and methodical decision-making procedures. *Human Relations*, *48*(5), 537–557.

Nemeth, C., Brown, K., & Rogers, J. (2001). Devil's advocate versus authentic dissent: Stimulating quantity and quality. *European Journal of Social Psychology*, *31*(6), 707–720.

Park, W. W. (2000). A comprehensive empirical investigation of the relationships among variables of the groupthink model. *Journal of Organizational Behavior*, *21*(8), 873–887.

Rose, J. D. (2011). Diverse perspectives on the groupthink theory–a literary review. *Emerging Leadership Journeys*, *4*(1), 37–57.

澤岡昭 (2004). 衝撃のスペースシャトル事故調査報告―NASA は組織文化を変えられるか 中央労働災害防止協会

Schulz-Hardt, S., Jochims, M., & Frey, D. (2002). Productive conflict in group decision making: Genuine and contrived dissent as strategies to counteract biased information seeking. *Organizational Behavior and Human Decision Processes*, *88*(2), 563–586.

Schweiger, D. M., Sandberg, W. R., & Ragan, J. W. (1986). Group approaches for improving strategic decision making: a comparative analysis of dialectical inquiry, devil's advocacy, and consensus. *Academy of Management Journal*, *29*, 51–71.

Schwenk, C. R. (1984). Devil's advocacy in managerial decision‐making. *Journal of Management Studies*, *21*(2), 153–168.

Schwenk, C. R. (1990). Effects of devil's advocacy and dialectical inquiry on decision making: A meta-analysis. *Organizational Behavior and Human Decision Processes*, *47*(1), 161–176.

Schwenk, C. R., & Cosier, R. A. (1993). The effects of consensus and devil's advocacy on strategic decision-making. *Journal of Applied Social Psychology*, *23*, 126–139.

Turner, M. E., & Pratkanis, A. R. (1998). A social identity maintenance model of groupthink. *Organizational Behavior and Human Decision Processes*, *73*(2–3), 210–235.

宇田左近 (2014). なぜ、「異論」の出ない組織は間違うのか PHP 研究所

Zenko, M. (2015). *Red Team: How to succeed by thinking like the enemy*. Basic Books. （ゼンコ, M. (2016). 関美和訳 レッドチーム思考：組織の中に「最後の反対者」を飼う 文藝春秋）

● 3 章

Bouchard, T. J., Jr., & Hare, M. (1970). Size, performance, and potential in brainstorming groups. *Journal of Applied Psychology, 54*(1, Pt.1), 51–55.

Buchanan Jr, L. J., & Lindgren, H. C. (1973). Brainstorming in large groups as a facilitator of children's creative responses. *The Journal of Psychology, 83*(1), 117–122.

Camacho, L. M., & Paulus, P. B. (1995). The role of social anxiousness in group brainstorming. *Journal of Personality and Social Psychology, 68*(6), 1071–1080.

Collaros, P. A., & Anderson, L. R. (1969). Effect of perceived expertness upon creativity of members of brainstorming groups. *Journal of Applied Psychology, 53*(2p1), 159–163.

Curhan, J. R., Labuzova, T., & Mehta, A. (2021). Cooperative criticism: when criticism enhances creativity in brainstorming and negotiation. *Organization Science, 32*(5), 1256–1272.

Dennis, A. R., & Valacich, J. S. (1993). Computer brainstorms: More heads are better than one. *Journal of Applied Psychology, 78*(4), 531–537.

Dennis, A. R., & Williams, M. L. (2007). A Meta-Analysis of Group Size Effects in Electronic Brainstorming: More Heads are Better than One. In N. Kock (Ed.), Advances in E-Collaboration (pp. 250–269). IGI

DeRosa, D. M., Smith, C. L., & Hantula, D. A. (2007). The medium matters: Mining the long-promised merit of group interaction in creative idea generation tasks in a meta-analysis of the electronic group brainstorming literature. *Computers in human behavior, 23*(3), 1549–1581.

Diehl, M., & Stroebe, W. (1987). Productivity loss in brainstorming groups: Toward the solution of a riddle. *Journal of Personality and Social Psychology, 53*(3), 497–509.

Dugosh, K. L., Paulus, P. B., Roland, E. J., & Yang, H.-C. (2000). Cognitive stimulation in brainstorming. *Journal of Personality and Social Psychology, 79*(5), 722–735.

藤木大介 (2020). 「共同がアイデア生成に及ぼす影響」に関する信念の不正確さ. 日本教育工学会論文誌, *43*(Suppl.), 5–8.

本間道子 (1996). ブレーンストーミング集団における生産性の再検討. 心理学評論, *39*(2), 252–272.

● 4 章

Abrams, D., Wetherell, M., Cochrane, S., Hogg, M. A., & Turner, J. C. (1990). Knowing what to think by knowing who you are: Self‐categorization and the nature of norm formation, conformity and group polarization. *British Journal of Social Psychology, 29*(2), 97–119.

Aronson, E., & Mills, J. (1959). The effect of severity of initiation on liking for a group. *The Journal of Abnormal and Social Psychology, 59*(2), 177–181.

Asch, S. E. (1955). Opinions and social pressure. *Scientific American, 193*(5), 31–35.

Asch, S. E. (1956). Studies of independence and conformity: I. A minority of one against a unanimous majority. *Psychological Monographs: General and Applied, 70*(9), 1–70.

Laughlin, P. R., & Adamopoulos, J. A. (1980). Social combination processes and individual learning for six-person cooperative groups on an intellective task. *Journal of Personality and Social Psychology, 38*(6), 941–947.

Laughlin, P. R., Bonner, B. L., & Miner, A. G. (2002). Groups perform better than the best individuals on letters-to-numbers problems. *Organizational Behavior and Human Decision Processes, 88*(2), 605–620.

Laughlin, P. R., & Ellis, A. L. (1986). Demonstrability and social combination processes on mathematical intellective tasks. *Journal of Experimental Social Psychology, 22*(3), 177–189.

三浦麻子 (2001). ブレーンストーミングにおけるコミュニケーション・モードと目標設定の効果. 対人社会心理学研究, *1*, 45–58.

Mullen, B., Johnson, C., & Salas, E. (1991). Productivity loss in brainstorming groups: A meta-analytic integration. *Basic and Applied Social Psychology, 12*(1), 3–23.

Nijstad, B. A., Stroebe, W., & Lodewijkx, H. F. M. (2006). The illusion of group productivity: A reduction of failures explanation. *European Journal of Social Psychology, 36*(1), 31–48.

Nijstad, B. A. (2009). *Group performance.* Psychology Press.

Osborn, A. F. (1957). *Applied imagination.* New York: Scribner.

Paulus, P. B., & Coskun, H. (2013). Creativity. In J. M. Levine (Ed.), *Group Processes* (pp. 215–239). Psychology Press.

Paulus, P. B., Dzindolet, M. T., Poletes, G., & Camacho, L. M. (1993). Perception of performance in group brainstorming: The illusion of group productivity. *Personality and Social Psychology Bulletin, 19*(1), 78–89.

Sawyer, K. (2007). *Group genius: The creative power of collaboration.* Basic books (ソーヤー, キース. (2009). 凡才の集団は孤高の天才に勝る. ダイヤモンド社)

Stroebe, W., Diehl, M., & Abakoumkin, G. (1992). The illusion of group effectivity. *Personality and Social Psychology Bulletin, 18*(5), 643–650.

Van De Ven, A., & Delbecq, A. L. (1971). Nominal versus interacting group processes for committee decision-making effectiveness. *Academy of Management Journal, 14*(2), 203–212.

Baron, R. S., Kerr, N. L., & Miller, N. (1992). *Group process, group decision, group action.* Thomson Brooks/Cole Publishing Co.

Becker, M. H. (2021). When extremists become violent: Examining the association between social control, social learning, and engagement in violent extremism. *Studies in Conflict & Terrorism, 44*(12), 1104–1124.

Berns, G. S., Chappelow, J., Zink, C. F., Pagnoni, G., Martin-Skurski, M. E., & Richards, J. (2005). Neurobiological correlates of social conformity and independence during mental rotation. *Biological psychiatry, 58*(3), 245–253.

Bond, R. (2005). Group Size and Conformity. *Group Processes & Intergroup Relations, 8*(4), 331–354.

Bond, R., & Smith, P. B. (1996). Culture and conformity: A meta-analysis of studies using Asch's (1952b, 1956) line judgment task. *Psychological Bulletin, 119*(1), 111–137.

Bouzar, D. (2015). *Comment sortir de l'emprise djihadiste?*. Éditions de l'Atelier. (ブザール, ドゥニア (2017). 児玉しおり 訳 家族をテロリストにしないために：イスラム系セクト感化防止センターの証言 白水社)

Deutsch, M., & Gerard, H. B. (1955). A study of normative and informational social influences upon individual judgment. *The Journal of Abnormal and Social Psychology*, *51*(3), 629.

Gelfand, M. J., Raver, J. L., Nishii, L., Leslie, L. M., Lun, J., Lim, B. C., ... & Yamaguchi, S. (2011). Differences between tight and loose cultures: A 33-nation study. *Science*, *332*(6033), 1100–1104.

Gill, P. (2012). Terrorist violence and the contextual, facilitative and causal qualities of group-based behaviors. *Aggression and Violent Behavior*, *17*(6), 565–574.

橋本博文 (2011). 相互協調性の自己維持メカニズム. 実験社会心理学研究, 50(2), 182–193.

Hashimoto, H., & Yamagishi, T. (2013). Two faces of interdependence: Harmony seeking and rejection avoidance. *Asian Journal of Social Psychology*, *16*(2), 142–151.

Isenberg, D. J. (1986). Group polarization: A critical review and meta-analysis. *Journal of Personality and Social Psychology*, *50*(6), 1141–1151.

Lewis, S. A., Langan, C. J., & Hollander, E. P. (1972). Expectation of future interaction and the choice of less desirable alternatives in conformity. *Sociometry*, *35*(3), 440–447.

Mann, L. (1977). The effect of stimulus queues on queue-joining behavior. *Journal of Personality and Social Psychology*, *35*(6), 437–442.

Miyajima, T., & Yamaguchi, H. (2017). I want to but I won't: Pluralistic ignorance inhibits intentions to take paternity leave in Japan. *Frontiers in Psychology*, *8*, 1508.

西田公昭 (1995). マインド・コントロールとは何か? 紀伊國屋書店

Prentice, D. A., & Miller, D. T. (1993). Pluralistic ignorance and alcohol use on campus: Some consequences of misperceiving the social norm. *Journal of Personality and Social Psychology*, *64*(2), 243–256.

Schroeder, C. M., & Prentice, D. A. (1998). Exposing pluralistic ignorance to reduce alcohol use among college students. *Journal of Applied Social Psychology*, *28*(23), 2150–2180.

Sieber, J., & Ziegler, R. (2019). Group polarization revisited: A processing effort account. *Personality and Social Psychology Bulletin*, *45*(10), 1482–1498.

Takano, Y., & Sogon, S. (2008). Are Japanese more collectivistic than Americans? Examining conformity in in-groups and the reference-group effect. *Journal of Cross-Cultural Psychology*, *39*(3), 237–250.

Vandello, J. A., Cohen, D., & Ransom, S. (2008). US Southern and Northern differences in perceptions of norms about aggression: Mechanisms for the perpetuation of a culture of honor. *Journal of cross-cultural psychology*, *39*(2), 162–177.

●5章

George, J. M. (1995). Asymmetrical effects of rewards and punishments: The case of social loafing. *Journal of Occupational and Organizational Psychology*, *68*(4), 327–338.

Hüffmeier, J., Filusch, M., Mazei, J., Hertel, G., Mojzisch, A., & Krumm, S. (2017). On the boundary conditions of effort losses and effort gains in action teams. *Journal of Applied Psychology*, *102*(12), 1673–1685.

Hüffmeier, J., & Hertel, G. (2011). When the whole is more than the sum of its parts: Group motivation gains in the wild. *Journal of Experimental Social Psychology*, *47*(2), 455–459.

Hüffmeier, J., Hertel, G., Torka, A. K., Nohe, C., & Krumm, S. (2022). In field settings group members (often) show effort gains instead of social loafing. *European Review of Social Psychology*, *33*(1), 131–170.

Ingham, A. G., Levinger, G., Graves, J., & Peckham, V. (1974). The Ringelmann effect: Studies of group size and group performance. *Journal of Experimental Social Psychology*, *10*(4), 371–384.

Karau, S. J., & Hart, J. W. (1998). Group cohesiveness and social loafing: Effects of a social interaction manipulation on individual motivation within groups. *Group Dynamics: Theory, Research, and Practice*, *2*(3), 185–191.

Karau, S. J., & Williams, K. D. (1993). Social loafing: A meta-analytic review and theoretical integration. *Journal of Personality and Social Psychology*, *65*(4), 681–706.

Karau, S. J., & Williams, K. D. (1997). The effects of group cohesiveness on social loafing and social compensation. *Group Dynamics: Theory, Research, and Practice*, *1*(2), 156–168.

小籔輝吉 (2021) 社会の手抜きに及ぼす目標設定の効果 福祉社会学部論集 39(4), 15–26.

Kravitz, D. A., & Martin, B. (1986). Ringelmann rediscovered: The original article. *Journal of Personality and Social Psychology*, *50*(5), 936–941.

Kugihara, N. (1999). Gender and social loafing in Japan. The Journal of Social Psychology, *139*(4), 516–526.

釘原直樹 (2013). 人はなぜ集団になると怠けるのか 「社会的手抜き」の心理学 中央公論新社

釘原直樹 (2015). 腐ったリンゴをどうするか? 三五社

Latané, B., Williams, K., & Harkins, S. (1979). Many hands make light the work: The causes and consequences of social loafing. *Journal of Personality and Social Psychology*, *37*(6), 822–832.

Liden, R. C., Wayne, S. J., Jaworski, R. A., & Bennett, N. (2004). Social loafing: A field investigation. *Journal of management*, *30*(2), 285–304.

Locke, E. A., & Latham, G. P. (2002). Building a practically useful theory of goal setting and task motivation: A 35-year odyssey. *American psychologist*, *57*(9), 705.

Mayer, R. C., Davis, J. H., & Schoorman, F. D. (1995). An integrative model of organizational trust. *Academy of Management Review*, *20*(3), 709–734.

Mueller, J. S. (2012). Why individuals in larger teams perform worse. *Organizational Behavior and Human Decision Processes*, *117*(1), 111–124.

縄田健悟・山口裕幸・波多野徹・青島未佳 (2015). 企業組織において高業績を導くチーム・プロセスの解明 心理学研究, 85, 529–539.

縄田健悟・池田浩・青島未佳・山口裕幸 (2024). 組織におけるチームワークの影響過程に関する統合モデル——チームレベルの分析による検討 心理学研究, 94, 462–472.

Podsakoff, P. M., Bommer, W. H., Podsakoff, N. P., & MacKenzie, S. B. (2006). Relationships between leader reward and punishment behavior and subordinate attitudes, perceptions, and behaviors: A meta-analytic review of existing and new research. *Organizational Behavior and Human Decision Processes*, *99*(2), 113–142.

Ryan, R. M., & Deci, E. L. (2000). Self-determination theory and the facilitation of intrinsic motivation, social development, and well-being. *American Psychologist*, *55*(1), 68–78.

Schnake, M. E. (1991). Equity in effort: The "sucker effect" in co-acting groups. *Journal of Management*, *17*(1), 41–55.

重森雅嘉 (2012). ダブルチェックの社会的手抜き 日本認知心理学会発表論文集, 61.

島倉大輔・田中健次 (2003). 人間による防護の多重化の有効性 品質, 33, 104–112.

● 6章

青島未佳・山口裕幸・縄田健悟 (2016). 高業績チームはここが違う労務行政.

Dickinson, T. L., & McIntyre, R. M. (1997). A conceptual framework for teamwork measurement. In M. T. Brannick, E. Salas, & C. Prince (Eds.), Team performance assessment and measurement. Mahwah, NJ: Lawrence Erlbaum. pp. 19–43.

縄田健悟・池田浩・青島未佳・山口裕幸 (2024). 組織におけるチームワークの影響過程に関する統合モデル――チームレベルの分析による検討 心理学研究, 94, 462–472.

縄田健悟・山口裕幸・波多野徹・青島未佳 (2015). 企業組織において高業績を導くチーム・プロセスの解明 心理学研究, 85, 529–539.

● 7章

Antonakis, J., Avolio, B. J., & Sivasubramaniam, N. (2003). Context and leadership: An examination of the nine-factor full-range leadership theory using the Multifactor Leadership Questionnaire. *The Leadership Quarterly*, *14*(3), 261–295.

Banks, G. C., Gooty, J., Ross, R. L., Williams, C. E., & Harrington, N. T. (2018). Construct redundancy in leader behaviors: A review and agenda for the future. *The Leadership Quarterly*, *29*(1), 236–251.

Blake, R., & Mouton, J. (1964). *The managerial grid: The key to leadership excellence*. Gulf Publishing Company.

Greenleaf, R. (1977). *Servant leadership: A journey into the nature of legitimate power and greatness*. New York: Paulist Press. (グリーンリーフ, ロバート, K (2008). 金井真弓訳 サーバントリーダーシップ 英治出版)

Hoch, J. E., Bommer, W. H., Dulebohn, J. H., & Wu, D. (2018). Do ethical, authentic, and servant leadership explain variance above and beyond transformational leadership? A meta-analysis. *Journal of Management*, *44*(2), 501–529.

池田浩 (2017)・リーダーシップ 池田浩 (編著) 産業と組織の心理学 サイエンス社

Torka, A.-K., Mazei, J., & Hüffmeier, J. (2021). Together, everyone achieves more—or, less? An interdisciplinary meta-analysis on effort gains and losses in teams. *Psychological Bulletin*, *147*(5), 504–534.

Wegge, J., & Haslam, S. A. (2005). Improving work motivation and performance in brainstorming groups: The effects of three group goal-setting strategies. *European Journal of Work and Organizational Psychology*, *14*(4), 400–430.

Williams, K., Harkins, S. G., & Latané, B. (1981). Identifiability as a deterrent to social loafing: Two cheering experiments. *Journal of Personality and Social Psychology*, *40*(2), 303–311.

Williams, K. D., & Karau, S. J. (1991). Social loafing and social compensation: The effects of expectations of co-worker performance. *Journal of Personality and Social Psychology*, *61*, 570–581.

吉野俊彦 (2018) 罰の効果とその問題点――罰なき社会をめざす行動分析学 心理学ワールド, 80, 5–8.

Nawata, K., Yamaguchi, H., & Aoshima, M. (2020). Team Implicit Coordination Based on Transactive Memory Systems. Team Performance Management: *An International Journal*, *26*, 375–390.

Rico, R., Sanchez-Manzanares, M., Gil, F., & Gibson, C. (2008). Team implicit coordination processes: A team knowledge-based approach. *Academy of Management Review*, *33*(1), 163–184.

Rousseau, V., Aubé, C., & Savoie, A. (2006). Teamwork behaviors: A review and an integration of frameworks. *Small Group Research*, *37*(5), 540–570.

山口裕幸 (2012). 組織コミュニケーションの将来と待ち受ける課題 古川久敬・山口裕幸 (編)〈先取り志向〉の組織心理学――プロアクティブ行動と組織――有斐閣 pp.155–192.

山口裕幸 (2024). 新版 チームワークの心理学 サイエンス社

池田浩 (2021)・モチベーションに火をつける働き方の心理学

池田浩・縄田健悟・青島未佳・山口裕幸 (2022). セキュアベース・リーダーシップ論の展開：過去から「安全基地」の関係を築き，未来への挑戦を促すリーダーシップ 組織科学, 56(1), 49–59.

石川淳 (2022). リーダーシップの理論：経験と勘を活かす武器を身につける 中央経済社

Judge, T. A., Piccolo, R. F., & Ilies, R. (2004). The forgotten ones? The validity of consideration and initiating structure in leadership research. *Journal of Applied Psychology*, *89*(1), 36–51.

Koh, D., Lee, K. & Joshi, K. (2019) Transformational Leadership and Creativity: A Meta-Analytic Review and Identification of an Integrated Model. *Journal of Organizational Behavior*, *40*(6), 625–650.

Kohlrieser, G., Goldsworthy, S., & Coombe, D. (2012). *Care to dare: Unleashing astonishing potential through secure base leadership*. John Wiley & Sons. (コーリーザー, G.・ゴールズワージー, S.・クーム, D. (2018). 東方雅美 (訳) セキュアベース・リーダーシップ 「思いやり」と「挑戦」で限界を超えさせる プレジデント社)

三隅二不二 (1984). リーダーシップ行動の科学 有斐閣

縄田健悟・池田浩・青島未佳・山口裕幸（2024）．組織におけるチームワークの影響過程に関する統合モデル——チームレベルの分析による検討 心理学研究, 94(6), 462‒472.

Zhang, Y., Zheng, Y., Zhang, L., Xu, S., Liu, X., & Chen, W. (2021). A meta-analytic review of the consequences of servant leadership: The moderating roles of cultural factors. *Asia Pacific Journal of Management*, 38(1), 371–400.

● 8 章

Amason, A. C. (1996). Distinguishing the Effects of Functional and Dysfunctional Conflict on Strategic Decision Making: Resolving a Paradox for Top Management Teams. *The Academy of Management Journal*, 39(1), 123–148.

Bazerman, M. H. (1983). Negotiator judgment: A critical look at the rationality assumption. *American Behavioral Scientist*, 27(2), 211–228.

Bradley, B. H., Klotz, A. C., Postlethwaite, B. E., & Brown, K. G. (2012). Reaping the benefits of task conflict in teams: The critical role of team psychological safety climate. *Journal of Applied Psychology*, 97(1), 151–158.

Bradley, B. H., Klotz, A. C., Postlethwaite, B. E., & Brown, K. G. (2013). Ready to rumble: How team personality composition and task conflict interact to improve performance. *Journal of Applied Psychology*, 98(2), 385–392.

Curhan, J. R., Labuzova, T., & Mehta, A. (2021). Cooperative criticism: when criticism enhances creativity in brainstorming and negotiation. *Organization Science*, 32(5), 1256–1272.

DeChurch, L. A., & Marks, M. A. (2001). Maximizing the benefits of task conflict: The role of conflict management. *International Journal of Conflict Management*, 12(1), 4–22.

DeChurch, L. A., Mesmer-Magnus, J. R., & Doty, D. (2013). Moving beyond relationship and task conflict: Toward a process-state perspective. *Journal of Applied Psychology*, 98(4), 559–578.

De Dreu, C. K. W. (1997). Productive conflict: The importance of conflict management and conflict issue. In C. K. W. De Dreu & E. Van de Vliert (Eds.), *Using conflict in organizations* (pp. 9–22). London: Sage Publications.

De Dreu, C. K. W., & Weingart, L. R. (2003). Task versus relationship conflict, team performance, and team member satisfaction: A meta-analysis. *Journal of Applied Psychology*, 88(4), 741–749.

De Dreu, C. K. W., Weingart, L. R., & Kwon, S. (2000). Influence of social motives on integrative negotiation: A meta-analytic review and test of two theories. *Journal of Personality and Social Psychology*, 78(5), 889–905.

De Wit, F. R. C., Greer, L. L., & Jehn, K. A. (2012). The paradox of intragroup conflict: A meta-analysis. *Journal of Applied Psychology*, 97(2), 360–390.

Greer, L. L., & Dannals, J. E. (2017). Conflict in teams. In R. Rico, E. Salas, & N. Ashkanasy, *The Wiley Blackwell Handbook of Team Dynamics, Teamwork, and Collaborative Working* (pp. 317–344). Somerset, NY: Wiley Blackwell.

Gross, M. A., & Guerrero, L. K. (2000). Managing conflict appropriately and effectively: An application of the competence model to Rahim's organizational conflict styles. *International Journal of Conflict Management*, 11(3), 200–226.

グジバチ, ピョートル・フェリクス（2018）．グーグル, モルガン・スタンレーで学んだ日本人の知らない会議の法則 ダイヤモンド社

藤森立男・藤森和美（1992）人と争う 松井豊（編）対人関係の最前線 サイエンス社 pp.141-151.

藤森立男（1989）．日常生活にみるストレスとしての対人葛藤の解決過程に関する研究 社会心理学研究, 4(2), 108–116.

福野光輝・土橋美幸（2015）対人葛藤解決における間接方略の遍在性 山形大学人文学部研究年報, 12, 1–20.

Jehn, K. A. (1995). A multimethod examination of the benefits and detriments of intragroup conflict. *Administrative Science Quarterly*, 40(2), 256–282.

村山綾・三浦麻子（2012）．集団内の関係葛藤と課題葛藤：誤認知の問題と対処行動に関する検討 社会心理学研究, 28(1), 51–59.

Ohbuchi, K. I., & Atsumi, E. (2010). Avoidance brings Japanese employees what they care about in conflict management: Its functionality and "good member" image. *Negotiation and Conflict Management Research*, 3(2), 117–129.

Ohbuchi, K. I., & Takahashi, Y. (1994). Cultural styles of conflict management in Japanese and Americans: Passivity, covertness, and effectiveness of strategies 1. *Journal of Applied Social Psychology*, 24(15), 1345–1366.

Ohbuchi, K., Imazai, K., Sugawara, I., Tyler, T., & Lind, E. A. (1997). Goals and tactics in within- and between-culture conflicts. *Tohoku Psychologica Folia*, 56, 1–13.

O'Neill, T. A., McLarnon, M. J. W., Hoffart, G. C., Woodley, H. J. R., & Allen, N. J. (2018). The Structure and Function of Team Conflict State Profiles. *Journal of Management*, 44(2), 811–836.

大西勝二（2002）．職場での対人葛藤発生時における解決目標と方略 産業・組織心理学研究, 16(1), 23–33.

Rahim, M. A. (1983). A measure of styles of handling interpersonal conflict. *Academy of Management journal*, 26(2), 368–376.

Simons, T. L., & Peterson, R. S. (2000). Task conflict and relationship conflict in top management teams: the pivotal role of intragroup trust. *Journal of Applied Psychology*, 85(1), 102–111.

Thompson, L., & Hastie, R. (1990). Social perception in negotiation. *Organizational Behavior and Human Decision Processes*, 47(1), 98–123.

● 9 章

Bradley, B. H., Postlethwaite, B. E., Klotz, A. C., Hamdani, M. R., & Brown, K. G. (2012). Reaping the benefits of task conflict in teams: The critical role of team psychological safety climate. *Journal of Applied Psychology*, 97(1), 151–158.

Bienefeld, N., & Grote, G. (2014). Speaking up in ad hoc multiteam systems: Individual-level effects of psychological safety, status, and leadership within and across teams. *European Journal of Work and Organizational Psychology*, 23(6), 930–945.

Carmeli, A. (2007). Social capital, psychological safety and learning behaviours from failure in organisations. *Long range planning*, 40(1), 30–44.

Carmeli, A., Brueller, D., & Dutton, J. E. (2009). Learning behaviours in the workplace: The role of high‐quality interpersonal relationships and psychological safety. *Systems Research and Behavioral Science: The Official Journal of the International Federation for Systems Research*, 26(1), 81–98.

Carmeli, A., & Gittell, J. H. (2009). High‐quality relationships, psychological safety, and learning from failures in work organizations. *Journal of Organizational Behavior: The International Journal of Industrial, Occupational and Organizational Psychology and Behavior*, 30(6), 709–729.

Carmeli, A., Reiter-Palmon, R., & Ziv, E. (2010). Inclusive leadership and employee involvement in creative tasks in the workplace: The mediating role of psychological safety. *Creativity Research Journal*, 22(3), 250–260.

Carmeli, A., & Zisu, M. (2009). The relational underpinnings of quality internal auditing in medical clinics in Israel. *Social Science & Medicine*, 68(5), 894–902.

Duhigg, C. (2016). What Google learned from its quest to build the perfect team. *The New York Times Magazine*, 26, 2016.

Edmondson, A. C. (1996). Learning from mistakes is easier said than done: Group and organizational influences on the detection and correction of human error. *The Journal of Applied Behavioral Science*, 32(1), 5–28.

Edmondson, A. C. (1999). Psychological safety and learning behavior in work teams. *Administrative science quarterly*, 44(2), 350–383.

Edmondson, A. C. (2012). *Teaming: How organizations learn, innovate, and compete in the knowledge economy*. Jossey-Bass.（エドモンドソン, A. C. 野津智子（訳）(2014) チームが機能するとはどういうことか―「学習力」と「実行力」を高める実践アプローチ 英治出版）

Edmondson, A. C. (2019). *The fearless organization: Creating psychological safety in the workplace for learning, innovation, and growth*. Hoboken, New Jersey: John Wiley & Sons.（エドモンドソン, A. C. 野津智子（訳）(2021). 恐れのない組織：「心理的安全性」が学習・イノベーション・成長をもたらす 英治出版）

Edmondson, A. C., & Bransby, D. P. (2023). Psychological Safety Comes of Age: Observed Themes in an Established Literature. *Annual Review of Organizational Psychology and Organizational Behavior*, 10(1), 55–78.

Edmondson, A. C., & Lei, Z. (2014). Psychological safety: The history, renaissance, and future of an interpersonal construct. *Annual Review of Organizational Psychology and Organizational Behavior*, 1(1), 23–43.

Frazier, M. L., Fainshmidt, S., Klinger, R. L., Pezeshkan, A., & Vracheva, V. (2017). Psychological safety: A meta‐analytic review and extension. *Personnel Psychology*, 70(1), 113–165.

Gelfand, M. J., Raver, J. L., Nishii, L., Leslie, L. M., Lun, J., Lim, B. C., ... & Yamaguchi, S. (2011). Differences between tight and loose cultures: A 33-nation study. *Science*, 332(6033), 1100–1104.

Google. Re:Work サイト「効果的なチームとは何か」を知る.

Hirak, R., Peng, A. C., Carmeli, A., & Schaubroeck, J. M. (2012). Linking leader inclusiveness to work unit performance: The importance of psychological safety and learning from failures. *The Leadership Quarterly*, 23(1), 107–117.

Hofstede, G., Hofstede, G. J. & Minkov, M. (2010). *Cultures and Organizations: Software of the Mind, Intercultural Cooperation and Its Importance for Survival, 3rd ed.*, NY: McGraw Hill.（G. ホフステード, G.J. ホフステード, M. ミンコフ (2013). 岩井八郎・岩井紀子訳 多文化世界――違いを学び未来への道を探る――［原書第3版］有斐閣）

May, D. R., Gilson, R. L., & Harter, L. M. (2004). The psychological conditions of meaningfulness, safety and availability and the engagement of the human spirit at work. *Journal of Occupational and Organizational Psychology*, 77(1), 11–37.

Newman, A., Donohue, R., & Eva, N. (2017). Psychological safety: A systematic review of the literature. *Human Resource Management Review*, 27(3), 521–535.

Salas, E., Linhardt, R., & Fernández Castillo, G. (2024). The Science (and Practice) of Teamwork: A Commentary on Forty Years of Progress... *Small Group Research*.

Sanner, B., & Bunderson, J. S. (2015). When feeling safe isn't enough: Contextualizing models of safety and learning in teams. *Organizational Psychology Review*, 5(3), 224–243.

Schein, E., & Bennis, W. G. (1965). *Personal and organizational change through group methods: The laboratory approach*. New York: John Wiley and Sons. Inc. Search in.

Singh, B., Winkel, D. E., & Selvarajan, T. T. (2013). Managing diversity at work: Does psychological safety hold the key to racial differences in employee performance? *Journal of Occupational and Organizational Psychology*, 86(2), 242–263.

山口裕幸・縄田健悟・池田浩・青島未佳 (2019). 組織におけるチーム・ダイアログ活性化活動が成員のプロアクティビティ育成にもたらす効果 日本グループ・ダイナミックス学会第 66 回大会発表論文集

● 10 章

Chung, B. G., Ehrhart, K. H., Shore, L. M., Randel, A. E., Dean, M. A., & Kedharnath, U. (2020). Work Group Inclusion: Test of a Scale and Model. *Group & Organization Management*, 45(1), 75–102.

Hentschel, T., Shemla, M., Wegge, J., & Kearney, E. (2013). Perceived diversity and team functioning: The role of diversity beliefs and affect. *Small Group Research*, 44(1), 33–61.

Holmes, O., Jiang, K., Avery, D. R., McKay, P. F., Oh, I-S., & Tillman, C. J. (2021). A Meta-Analysis Integrating 25 Years of Diversity Climate Research. *Journal of Management*, 47(6), 1357–1382.

Homan A. C., Greer, L. L., Jehn, K. A., & Koning, L. (2010). Believing shapes seeing: The impact of diversity beliefs on the construal of group composition. *Group Processes & Intergroup Relations*, *13*(4), 477–493.

Homan, A. C., van Knippenberg, D., van Kleef, G. A., & De Dreu, C. K. W. (2007). Bridging faultlines by valuing diversity: Diversity beliefs, information elaboration, and performance in diverse work groups. *Journal of Applied Psychology*, *92*(5), 1189–1199.

Joshi, A., & Roh, H. (2009). The role of context in work team diversity research: A meta-analytic review. *Academy of Management Journal*, *52*(3), 599–627.

Lau, D. C., & Murnighan, J. K. (1998). Demographic diversity and faultlines: The compositional dynamics of organizational groups. *Academy of Management Review*, *23*(2), 325–340.

Mor Barak, M. E., Lizano, E. L., Kim, A., Duan, L., Rhee, M. K., Hsiao, H. Y., & Brimhall, K. C. (2016). The promise of diversity management for climate of inclusion: A state-of-the-art review and meta-analysis. *Human Service Organizations: Management, Leadership & Governance*, *40*(4), 305–333.

内藤知加恵（2023）. フォールトライン：組織の分断回避へのアプローチ　白桃書房

Pew Research Center. (2021, October 13). Diversity and division in advanced economies.

Roberson, Q. M. (2006). Disentangling the meanings of diversity and inclusion in organizations. *Group & Organization Management*, *31*(2), 212–236.

Roh, H, Chun, K., Ryou, Y., & Son, J. (2019). Opening the Black Box: A Meta-Analytic Examination of the Effects of Top Management Team Diversity on Emergent Team Processes and Multilevel Contextual Influence. *Group & Organization Management*, *44*(1), 112–164.

Shore, L. M., Randel, A. E., Chung, B. G., Dean, M. A., Holcombe Ehrhart, K., & Singh, G. (2011). Inclusion and Diversity in Work Groups: A Review and Model for Future Research. *Journal of Management*, *37*(4), 1262–1289.

van Dick, R., van Knippenberg, D., Hägele, S., Guillaume, Y. R. F., & Brodbeck, F. C. (2008). Group diversity and group identification: The moderating role of diversity beliefs. *Human Relations*, *61*(10), 1463–1492.

van Dijk, H., van Engen, M. L., & van Knippenberg, D. (2012). Defying conventional wisdom: A meta-analytical examination of the differences between demographic and job-related diversity relationships with performance. *Organizational Behavior and Human Decision Processes*, *119*(1), 38–53.

van Knippenberg, D., De Dreu, C. K. W., & Homan, A. C. (2004). Work Group Diversity and Group Performance: An Integrative Model and Research Agenda. *Journal of Applied Psychology*, *89*(6), 1008–1022.

van Knippenberg, D., Haslam, S. A., & Platow, M. J. (2007). Unity through diversity: Value-in-diversity beliefs, work group diversity, and group identification. *Group Dynamics: Theory, Research, and Practice*, *11*(3), 207–222.

van Knippenberg, D., Nishii, L. H., & Dwertmann, D. J. G. (2020). Synergy from diversity: Managing team diversity to enhance performance. *Behavioral Science & Policy*, *6*(1), 75–92.

van Knippenberg, D., & Schippers, M. C. (2007). Work group diversity. *Annual Review of Psychology*, *58*, 515–541.

van Knippenberg, D., van Ginkel, W. P., & Homan, A. C. (2013). Diversity mindsets and the performance of diverse teams. *Organizational Behavior and Human Decision Processes*, *121*(2), 183-193.

Webber, S. S., & Donahue, L. M. (2001). Impact of highly and less job-related diversity on work group cohesion and performance: A meta-analysis. *Journal of Management*, *27*(2), 141–162.

Williams, K. Y., & O'Reilly, C. A. (1998). Demography and diversity in organizations: A review of 40 years of research. *Research in Organizational Behavior*, *20*, 77–140.

● 11章

Anakpo, G., Nqwayibana, Z., & Mishi, S. (2023). The Impact of Work-from-Home on Employee Performance and Productivity: A Systematic Review. *Sustainability*, *15*(5), 4529.

Breuer C., Hüffmeier, J., & Hertel, G. (2016). Does trust matter more in virtual teams? A meta-analysis of trust and team effectiveness considering virtuality and documentation as moderators. *Journal of Applied Psychology*, 101, 1151–1177.

De Jong, B. A., Dirks, K. T., & Gillespie, N. (2016). Trust and team performance: A meta-analysis of main effects, moderators, and covariates. Journal of *Applied Psychology*, *101*(8), 1134–1150.

Edmondson, A. C. (2012). *Teaming: How organizations learn, innovate, and compete in the knowledge economy*. Jossey-Bass.（エドモンドソン, A. C. 野津智子（訳）（2014）チームが機能するとはどういうことか：「学習力」と「実行力」を高める実践アプローチ 英治出版）

江夏幾多郎・神吉直人・高尾義明・服部泰宏・麓仁美・矢寺顕行（2020）. 新型コロナウイルス流行下での就労者の生活・業務環境と心理・行動：4月調査と7月調査の比較を中心に Works Discussion Paper No.33（リクルートワークス研究所）

Gajendran, R. S., & Harrison, D. A. (2007). The good, the bad, and the unknown about telecommuting: Meta-analysis of psychological mediators and individual consequences. *Journal of Applied Psychology*, *92*(6), 1524–1541.

Gibson, C. B., & Gibbs, J. L. (2006). Unpacking the Concept of Virtuality: The Effects of Geographic Dispersion, Electronic Dependence, Dynamic Structure, and National Diversity on Team Innovation. *Administrative Science Quarterly*, 51, 451–495.

Gibson, C. B., Huang, L., Kirkman, B. L., & Shapiro, D. L. (2014). Where Global and Virtual Meet: The Value of Examining the Intersection of These Elements in Twenty-First-Century Teams. *Annual Review of Organizational Psychology & Organizational Behavior*, 1, 217–244.

後藤学・濱野和佳（2020）. 新型コロナウイルス感染症流行下での テレワークの実態に関する調査動向 *INSS JOURNAL Vol. 27 2020 R-4*.

後藤学・濱野和佳（2021）. コロナ禍においてテレワークはどれだけ浸透したのか？ *INSS JOURNAL Vol. 28 2021 R-4*.

Hacker, J., Johnson, M., Saunders, C., & Thayer, A. L. (2019). Trust in Virtual Teams: A Multidisciplinary Review and Integration. *Ajis: Australasian Journal of Information Systems*, *23*, 1–36.

Harker Martin, B., & MacDonnell, R. (2012). Is telework effective for organizations?: A meta‐analysis of empirical research on perceptions of telework and organizational outcomes. *Management Research Review*, *35*(7), 602–616.

Hoch, J. E., & Kozlowski, S. W. (2014). Leading virtual teams: Hierarchical leadership, structural supports, and shared team leadership. *Journal of Applied Psychology*, *99*(3), 390–403.

金井篤子（2021）. ウィズ・アフターコロナの時代のテレワークとワーク・ライフ・バランス 産業・組織心理学研究, *35*(1), 25–34.

加藤俊彦・佐々木将人（2022）. リモートワークにおける組織の調整・統合の方法とコミュニケーション 高橋潔・加藤俊彦（編著）リモートワークを科学するI [調査分析編]：データで示す日本企業の課題と対策　白桃書房

Lu, S. C., Kong, D. T., Ferrin, D. L., & Dirks, K. T. (2017). What are the determinants of interpersonal trust in dyadic negotiations? Meta-analytic evidence and implications for future research. *Journal of Trust Research*, *7*(1), 22–50.

Marlow, S. L., Lacerenza, C. N., & Salas, E. (2017). Communication in virtual teams: A conceptual framework and research agenda. *Human Resource Management Review*, *27*(4), 575–589.

縄田健悟・池田浩・青島未佳・山口裕幸（2021）. COVID-19 感染禍でのテレワークの急速な普及が組織のチームワークにもたらす影響に関する実証的検討：感染拡大の前後比較 産業・組織心理学研究, *35*(1), 117–129.

縄田健悟・池田浩・青島未佳・山口裕幸（2023）. チームワークにおけるチーム・バーチャリティ 2 側面の相反する関連性：職場のテレワークはチームワークにどのように影響するか 社会心理学研究, *39*(2), 76–86.

仁昌寺大輔・比嘉邦彦（2021）. 在宅勤務の主観的生産性に関連する要因の分析 日本情報経営学会誌, *41*(1), 65–79.

大久保敏弘・NIRA 総合研究開発機構（2022）テレワークに関する就業者実態に関するデータ https://www.nira.or.jp/paper/data/2022/26.html

Ortiz de Guinea, A., Webster, J., & Staples, D. S. (2012). A meta-analysis of the consequences of virtualness on team functioning. *Information & Management*, *49*(6), 301–308.

Purvanova, R. K. (2014). Face-to-face versus virtual teams: What have we really learned? *The Psychologist-Manager Journal*, *17*(1), 2–29.

Purvanova, R. K., & Kenda, R. (2022). The impact of virtuality on team effectiveness in organizational and non‐organizational teams: A meta‐analysis. *Applied Psychology: An International Review*, *71*(3), 1082–1131.

総務省（2021）. 情報通信白書 令和 3 年版 https://www.soumu.go.jp/johotsusintokei/whitepaper/ja/r03/html/nd123410.html

Swart, K., Bond-Barnard, T., & Chugh, R. (2022). Challenges and critical success factors of digital communication, collaboration and knowledge sharing in project management virtual teams: A review. *International Journal of Information Systems and Project Management*, *10*(4), 59–75.

高橋潔（2022）. リモートワークにとってモバイル環境より大切なこと　高橋潔・加藤俊彦（編著）リモートワークを科学するI [調査分析編]：データで示す日本企業の課題と対策

脇坂明（2022）. テレワークに関する各種調査　学習院大学経済論集 58, 253–274.

Wilson, J. M., Straus, S. G., & McEvily, B. (2006). All in due time: The development of trust in computer-mediated and face-to-face teams. *Organizational Behavior and Human Decision Processes*, *99*(1), 16–33.

profile

縄田 健悟 なわた けんご

福岡大学人文学部准教授。
専門は、社会心理学、産業・組織心理学、集団力学。
集団における心理と行動をテーマに研究を進め、特に組織のチームワークを向上させる要因の解明に取り組んでいる。山口県山陽小野田市出身。九州大学大学院人間環境学府博士後期課程修了。博士（心理学）。一般社団法人チーム力開発研究所理事も務める。著書に『暴力と紛争の"集団心理"：いがみ合う世界への社会心理学からのアプローチ』（ちとせプレス）などがある。

"集団心理"から読み解く
残念な職場から一流のチームまで

だけどチームがワーク（機能）しない

2025年2月10日　第1版第1刷発行

著者	縄田 健悟
発行者	中川 ヒロミ
発行	株式会社日経BP
発売	株式会社日経BPマーケティング
	〒105-8308　東京都港区虎ノ門4-3-12
	https://bookplus.nikkei.com
イラスト	イケマリコ
ブックデザイン	矢部あずさ (bitterdesign)
校正	加藤 義廣 (小柳商店)
編集	中野 亜海
本文DTP	フォレスト
印刷・製本	中央精版印刷

本書の無断複写・複製（コピー等）は、著作権法上の例外を除き、禁じられています。
購入者以外の第三者による電子データ化及び電子書籍化は、私的使用を含め一切認められておりません。

本書籍に関するお問い合わせ、ご連絡は下記にて承ります。
https://nkbp.jp/booksQA

ISBN 978-4-296-00222-1　©2025 Kengo Nawata Printed in Japan